FACULTÉ DE DROIT DE TOULOUSE

DES

DROITS SUCCESSORAUX

AB INTESTAT

DU CONJOINT SURVIVANT

En Droit Romain et en Droit Français

THÈSE

POUR

LE DOCTORAT

PRÉSENTÉE

Par M. Joseph CAUMONT

AVOCAT

AUCH

IMPRIMERIE ET LITHOGRAPHIE G. FOIX, RUE BALGUERIE

—

1883

DES

DROITS SUCCESSORAUX

AB INTESTAT

DU CONJOINT SURVIVANT

En Droit Romain et en Droit Français

THÈSE

POUR

LE DOCTORAT

PRÉSENTÉE

Par M. Joseph CAUMONT

AVOCAT

AUCH

IMPRIMERIE ET LITHOGRAPHIE G. FOIX, RUE BALGUERIE

—

1883

FACULTÉ DE DROIT DE TOULOUSE

MM. BONFILS ✻, doyen, professeur de Droit commercial.

MOLINIER ✻, professeur de Droit criminel.

BRESSOLLES (G.) ✻, professeur de Droit civil.

GINOULHIAC, professeur de Droit français étudié dans ses origines féodales et coutumières.

HUC, professeur de Droit civil.

POUBELLE ✻, professeur de Droit civil, en congé.

ARNAULT, professeur d'Economie politique.

DELOUME, professeur de Droit romain.

PAGET, professeur de Droit romain.

DUFOUR ✻, doyen honoraire.

MASSOL ✻, professeur honoraire.

HUMBERT, professeur honoraire, Sénateur.

CAMPISTRON, agrégé, chargé du cours de procédure civile.

BRESSOLLES (Joseph), agrégé, chargé du cours de Droit international privé.

VIDAL, agrégé, chargé du cours de Droit criminel.

WALLON, agrégé, chargé du cours de Droit administratif.

HAURIOU, agrégé, chargé du cours d'Histoire générale du Droit.

SAINT-MARC, agrégé, suppléant de M. Poubelle.

M. MOUSSU, Secrétaire.

Président de la Thèse : M. GINOULHIAC.

Suffragants : { MM.

La Faculté n'entend approuver ni désapprouver les opinions particulières du candidat.

A LA MÉMOIRE DE MON PÈRE

—

A MA MÈRE

—

A MON GRAND-PÈRE

INTRODUCTION

Aucun des chapitres du Code civil n'a suscité des critiques aussi vives que celui où se trouve déterminé le rang du conjoint survivant dans les successions *ab. intestat.* Un membre de l'Assemblée nationale de 1871, M. Delsol, s'est fait à la tribune l'écho de ces critiques. Il a déposé une proposition ayant pour objet d'améliorer la condition de l'époux survivant; les lois politiques dont l'Assemblée avait à s'occuper ont empêché cette proposition d'aboutir à un résultat définitif. M. Delsol a présenté de nouveau sa proposition au Sénat en 1876 ; elle a été adoptée, avec de nombreuses modifications, le 9 mars 1877 ; en ce moment elle est soumise à l'examen de la Chambre des députés.

Une matière d'une aussi grande actualité mérite de fixer notre attention. C'est pourquoi il nous a paru intéressant de rechercher si les critiques dont est l'objet notre loi successorale ont leur raison d'être et si les améliorations proposées sont juridiques et équitables.

Nous sommes loin de prétendre qu'il faille que les législations restent stationnaires; cependant nous croyons qu'elles doivent tenir le plus grand compte du passé et profiter de l'expérience de celles qui les ont devancées. C'est pourquoi nous avons jugé utile d'examiner de quelle manière les législations qui ont servi de base à notre Code civil avaient réglementé le droit de succession entre époux. Lorsque nous aurons étudié les précédents historiques de la question, nous serons mieux à même d'apprécier le système actuellement en vigueur et de juger de la valeur absolue du nouveau projet de loi.

Au premier coup d'œil que nous jetterons sur le Droit romain, nous serons porté à croire que le conjoint survivant n'y était pas mieux traité qu'en Droit français; en effet, le droit civil ne rangeait point le conjoint au nombre des héritiers et le préteur ne l'appelait à la possession des biens que par préférence au fisc. Mais en pénétrant plus avant dans la constitution de la famille romaine, nous verrons que la participation de l'un des époux au patrimoine de l'autre était autrement sérieuse qu'elle ne le paraît tout d'abord; en effet, dans les premiers temps de Rome, le mariage ordinaire était le mariage avec *manus* et ce mariage était pour la veuve la base d'un droit de succession fort important; dans le dernier état de la législation romaine, les droits des époux étaient réglés différemment au moyen de la Quarte de la femme pauvre. Nous rencontrerons dans le Droit romain deux autres institutions qui, si elles ne rentrent pas complètement dans la catégorie des droits de succession *ab intestat* s'en rapprochent tellement, qu'il nous paraît utile d'en dire quelques mots : nous voulons parler de la dot, considérée comme gain légal de survie du mari et de la donation à cause de noces, considérée comme gain de la femme.

Après avoir donné un court aperçu des droits de succession entre époux dans le droit des Gaulois et dans le droit des peuples germaniques qui vinrent s'établir dans la Gaule après la chute de l'empire romain, nous aborderons la législation des pays de coutumes. Nous retrouverons dans cette législation les principes du Droit prétorien, en vertu desquels le conjoint survivant n'était appelé à la succession de son époux prédécédé que par préférence au fisc ; mais avec cette vocation venaient se combiner plusieurs gains de survie qui avaient pour but d'assurer l'avenir du conjoint survivant ; le plus important de ces gains de survie est incontestablement le Douaire; nous en donnerons un aperçu succinct. Passant ensuite à la législation des pays de Droit écrit, nous y retrouverons les institutions que nous aurons rencontrées dans le Droit romain : ce sera d'abord le droit de succession fondé sur la *Bonorum possessio unde vir et uxor* et en second lieu la Quarte du conjoint pauvre; nous dirons ensuite quelques mots de deux autres institutions propres à cette législation, c'est-à-dire de l'augment de dot, gain de survie de la femme et du contre-augment de dot, gain de survie du mari.

Nous passerons rapidement sur la législation révolutionnaire qui, pour mieux rompre avec le passé, supprima toutes les institutions du droit antérieur, mais qui cependant permit au conjoint survivant de primer le fisc.

Nous verrons l'époux survivant fort maltraité par les auteurs du Code civil, dans le règlement des successions *ab intestat;* en effet, relégué au rang des successeurs irréguliers, il se voit préférer tous les parents légitimes ou naturels du défunt, même les plus éloignés (jusqu'au douzième degré) et ne vient que pour empêcher la succession de tomber aux mains du fisc. Dans ces derniers temps, le législateur a essayé d'atténuer, dans une certaine mesure, les inconvénients résultant de ces dispositions de notre code civil, en créant deux nouveaux droits de succession au profit du veuf ou de la veuve des auteurs d'œuvres littéraires ou artistiques et au profit du veuf ou de la veuve des condamnés à la déportation; ces nouveaux droits de succession seront aussi l'objet de notre étude.

Avant de clore cette étude préliminaire, nous donnerons un court aperçu des solutions adoptées sur la question par les législations étrangères.

Nous arriverons ainsi à la partie principale de notre travail, celle à laquelle toutes les autres ne doivent servir que de préambule.

Tout d'abord nous ferons l'historique du projet de réforme. En second lieu, nous examinerons s'il est opportun et nécessaire de modifier notre loi successorale. Enfin, dans une troisième partie, nous commenterons les diverses dispositions du nouveau projet de loi, tel qu'il a été voté par le Sénat et nous verrons comment on peut faire dans notre loi successorale à l'époux survivant une place à côté des héritiers légitimes et des parents naturels, sans détruire la sagesse de notre code et l'heureuse harmonie de ses dispositions.

Nous venons ainsi de tracer notre programme; il est vaste, nous le reconnaissons; c'est pourquoi nous n'osons nous flatter d'être assez heureux pour le remplir fidèlement.

DROIT ROMAIN

Nous étudierons, dans un premier chapitre, le droit de succession fondé sur le *Manus matrimonii causâ;* dans un second, la *Bonorum possessio undè vir et uxor;* et dans un troisième, la Quarte de la femme pauvre.

Enfin, dans deux appendices, nous verrons la Dot considérée comme gain légal de survie du mari et la *Donatio propter nuptias,* gain légal de survie de la femme.

CHAPITRE PREMIER

De la « Manus matrimonii causâ. »

Sous la République et durant les premiers temps de l'Empire, la femme mariée en justes noces pouvait être dans deux conditions très différentes : ou bien *in manu mariti,* ou bien *sui juris.*

Dans le premier cas, la personnalité de la femme disparaissait et se confondait dans celle de son mari; cette situation avait pour l'épouse une grande importance quant à ses droits héréditaires.

Dans le second cas, au contraire, la femme conservait la position qu'elle avait avant son mariage et restait entièrement étrangère à la famille de son mari; cette situation ne procurait à la femme aucun droit de succession *ab intestat* sur les biens de son mari. Il est dès lors évident que nous n'avons pas à nous en occuper.

SECTION PREMIÈRE

DE L'ORIGINE DE LA « MANUS »

Il est incontestable que le mariage avec *manus* exista à Rome dès la plus haute antiquité, car on ne retrouve les traces de son institution ni dans la loi des XII Tab., ni dans les édits des préteurs. On a prétendu en faire remonter l'origine à l'enlèvement des Sabines par les soldats de Romulus; ces femmes durent être considérées comme un butin; elles durent, par conséquent, être soumises à une dépendance absolue vis-à-vis de leurs maris. Cette assertion nous paraît hasardée et il nous semble préférable d'admettre avec Gaius que cette institution dérivait de l'usage : « *Eo jure quod consensu receptum est* (1) » Quoi qu'il en soit de l'origine du mariage avec *manus*, on peut affirmer que cette sorte d'union était très fréquente dans les premiers temps de Rome; à la fin de la République et sous l'Empire, c'est le contraire qui eut lieu, et, par suite de l'importance des dots au moyen desquelles les femmes se rachetaient en quelque sorte de la *manus*, celle-ci devint de plus en plus rare et finit par tomber en désuétude.

(1) Com. III, § 82.

Nous ne saurions fixer la date précise de la disparition de la *manus*; car une institution qui avait duré des siècles ne pouvait pas s'effondrer en un jour; un affaiblissement progressif devait amener sa chute; c'est ce qui arriva. Les jurisconsultes de l'époque classique parlent bien de la *manus* comme d'une institution encore en vigueur; mais tout vestige en fut effacé bien avant Justinien; car ce prince n'a pas même inscrit dans ses Institutes le nom de cette institution surannée.

SECTION DEUXIÈME

NATURE DE LA « MANUS »

La *manus matrimonii causâ* était une puissance appartenant au *jus civile*, que le mari acquérait sur les biens et sur la personne de sa femme au moyen de certaines formalités exigées par les lois.

On a soutenu qu'au moins dans les premiers temps de Rome, la femme passait sous la puissance de son mari par la vertu seule du mariage et que la *manus* était la suite inévitable du mariage (1). Nous ne saurions adopter cette opinion pour les raisons suivantes : (*a*) On admet généralement que le mariage se contractait à Rome par le seul consentement; on n'a jamais, croyons-nous, prétendu que l'acquisition de la *manus* ait eu lieu de la même manière. (*b*) Gaius nous dit dans ses commentaires que la *manus* ne s'acquérait que de trois manières : « *Olim*

---

(1) M. Ginoulhiac, *Histoire du régime dotal,* pp. 56-57, et M. Gide, *De la condition privée de la femme,* liv. I, C. 4, § 3.

tribus modis in manum conveniebant : usu, farreo et coemptione (1). » En présence de ce texte, nous croyons qu'on ne peut guère dire que le mariage ait été un mode de constitution de la *manus*.

La *manus*, étant une puissance appartenant au *jus civile*, ne pouvait exister qu'entre époux citoyens romains.

La femme ne pouvait être l'objet d'une *conventio in manum* sans le *jussus* de son père, lorsqu'elle était *alieni juris*, et sans l'*auctoritas* de son tuteur lorsqu'elle était *sui juris*.

Enfin on exigeait que les deux époux fussent unis par un mariage légitime. Les *justæ nuptiæ* étaient la seule union légitime reconnue par le droit romain; il en résultait que la *manus* ne pouvait jamais appartenir à un mari uni à sa femme par le *concubinatus*.

SECTION TROISIÈME

MODES DE CONSTITUTION DE LA « MANUS »

Le mari pouvait acquérir la *manus* de trois manières : *confarreatione, coemptione et usu.*

(*a*). La *confarreatio* était une sorte de cérémonie religieuse, s'accomplissant avec des paroles solennelles, en présence de dix témoins représentant les dix curies du peuple romain.

Son nom lui venait de ce que dans la cérémonie on offrait en sacrifice un pain de froment (*farreus panis*).

(1) C. i, § 110.

Comme les hautes dignités sacerdotales ne pouvaient être remplies que par des citoyens issus de
parents mariés avec confarréation, il est probable
qu'à l'origine le mariage par confarréation fut exclusivement réservé aux patriciens.

On attribue à la confarréation une origine étrusque (1).

(b). La *coemptio* était l'achat fictif que le mari
faisait de sa femme en accomplissant les formalités de
la mancipation.

L'objet de la *coemptio* était double; il consistait
dans la vente de la femme elle-même et dans la vente
du patrimoine de la femme. C'est pourquoi, pour
procéder à la *coemptio,* la femme avait besoin de l'intervention de tous ses tuteurs lorsqu'elle était *sui
juris*; elle était dans cette hypothèse à la fois vendeur
et objet de la vente. Lorsqu'au contraire elle était
alieni juris, le consentement de son père était indispensable; alors elle ne jouait que sur le rôle d'objet
de la vente.

Ce mode de constitution de la *manus* fut également accessible aux patriciens et aux plébéiens.

(c) L'*usus* était une sorte d'usucapion établie par
la loi des XII tab., et par laquelle le mari acquérait la
manus sur sa femme lorsque, depuis le mariage, la
femme était demeurée toute une année entière dans
la maison conjugale.

La femme avait le droit de se soustraire à cette
usucapion en se retirant pendant trois nuits consécutives loin du domicile conjugal; c'était ce qu'on
appelait : « *Usurpare usum trinoctio.* » Mais le mari

(1) Ginoulhiac (Op. cit.), p. 57.

n'acquérait point la *manus* lorsqu'il avait usé de violence pour empêcher sa femme d'user de la faculté du *trinoctium;* car, dans ce cas, sa possession était vicieuse.

SECTION QUATRIÈME

DES EFFETS DE LA « MANUS »

La femme qui avait été l'objet d'une *conventio in manum* entrait dans la famille de son mari et y prenait le rang de fille, « *Filiœ locum obtinebat* (1), » lorsque celui-ci était *sui juris* et de petite-fille, lorsqu'il était *alieni juris*. Cette nouvelle condition de la femme conférait au mari une foule de droits sur la personne et les biens de sa femme; en retour, cette dernière acquérait sur les biens de son mari un véritable droit de succession.

§ I. — *Droits du mari dérivant de la « manus. »*

La *manus* faisant de la femme la fille du mari, il en résultait que ce dernier acquérait sur la personne de sa femme tous les droits dérivant de la puissance paternelle; cependant il n'avait pas le droit d'user à son égard, comme envers ses propres enfants, des droits de la puissance paternelle qui auraient été contraires à la nature du mariage, tels que ceux de vendre son épouse ou de la livrer *ad noxam*.

En second lieu, l'acquisition de la *manus* modifiait complétement les droits de la femme sur ses propres

(1) Gaius, I, § 111.

biens. En effet, cette dernière cessait d'avoir un
patrimoine personnel le jour où elle tombait *in
manum mariti*; tous ses biens appartenaient dès lors
à son mari; tous ceux qu'elle pouvait acquérir durant
son mariage devenaient la propriété de ce dernier.
Ainsi donc, pendant le mariage, la femme ne possédait rien et n'avait pas de droits propres; tous ses
droits résidaient entre les mains de son mari qui était
seul dès lors tenu de toutes les charges du ménage.
Nous rencontrons là un cas de *successio viventi per-
sonæ* identique à celui qui se produisait lorsque
l'adrogeant succédait à l'adrogé.

M. Gide a émis une opinion différente de la nôtre
quant aux effets de la *manus* sur les droits du mari.
D'après le savant professeur, la condition de l'épouse
romaine était la même dans la société, que la femme
fût tombée *in manum mariti* ou que son mariage eût
été contracté *sinè manu*; les droits que le mari avait
sur la personne de sa femme étaient uniquement une
conséquence des justes noces et peu importait à leur
étendue que le mariage eût été ou non accompagné
de la *conventio in manum*; enfin, la *manus* n'avait
d'effet que relativement aux intérêts pécuniaires; ce
n'était autre chose qu'une sorte de régime matrimonial se rapprochant beaucoup de notre communauté
universelle (1).

(*a*) M. Gide, pour sa démonstration, s'appuie sur
le texte suivant de Gaius (2) : « *Per eas vero per-
sonas, quas in manu mancipiove habemus, proprietas
quidem adquiritur nobis ex omnibus causis, sicut per
eos qui in potestate nostra sunt : an autem possessio*

(1) Gide (op. cit.), p 132-135.
(2) C. ii, § 90.

adquiratur quœri solet, quia ipsas non possidemus. »
Il résulte de ce texte que le mari pouvait parfaitement acquérir la propriété par sa femme *in manu;*
mais il ne pouvait acquérir la possession par l'intermédiaire de sa femme, parce qu'il ne la possédait
pas. Cela indique clairement, ajoute M. Gide, que
la *potestas* frappant la personne du fils et de l'esclave, tout ce que ces derniers possédaient *corpore*
tombait en la possession du chef de famille, tandis
que la *manus,* n'atteignant que les biens de la femme
et ne donnant aucun pouvoir sur sa personne, ne
pouvait faire acquérir que ce qui entrait dans ses
biens et non point ce qu'elle possédait.

Nous ferons d'abord remarquer que le motif invoqué par Gaius (*quia ipsas non possidemus*) est peu
concluant; en effet, il n'était pas besoin de posséder
un individu pour acquérir la possession par son intermédiaire, puisque Justinien nous dit que la possession pouvait nous être transmise, même à notre
insu, *per liberam personam,* si cette *libera persona*
avait reçu la chose en notre nom (1). D'ailleurs
Gaius ne présente pas comme une chose absolument
certaine l'incapacité de la femme *in manu* à procurer
la possession, il se borne à dire que c'est là une
question controversée; l'argument de M. Gide, reposant sur un point douteux, ne nous paraît donc pas
bien décisif. Mais si l'opinion de M. Gide est fondée,
le *mancipium,* comme la *manus,* n'aurait pas atteint
la personne de l'homme libre, puisque dans le texte
précité, Gaius range dans la même condition et l'individu *in mancipio* et la femme *in manu,* et cependant il est hors de doute que le *mancipium* attei-

(1) Instit. II. Titre 9. 5.

gnait la personne de l'individu soumis à cette puissance.

(*b*) M. Gide invoque en second lieu un autre texte de Gaius, d'où il résulte que le chef de famille n'avait pas le droit de céder sa femme *in manu* en réparation du préjudice causé (1). Comme il pouvait abandonner noxalement son fils, aussi bien que son esclave, M. Gide en conclut que le mari n'avait pas de pouvoir sur la personne de sa femme *in manu*.

Nous ferons remarquer que le texte de Gaius, invoqué par M. Gide est en contradiction avec le passage suivant, émanant du même jurisconsulte : « *Omnes igitur liberorum personœ..... qui in potestate parentis sunt, mancipari ab hoc eodem modo quo etiam servi mancipari possunt. Idem juris est in earum personis quœ in manu sunt* (2)..... » Ces deux textes, il faut le reconnaître, sont absolument contradictoires. Cependant nous croyons qu'il est facile de les concilier. Dans les premiers temps de Rome, il est incontestable que le mari avait le droit de vente et d'abandon noxal sur la personne de sa femme ; mais sous l'influence de mœurs moins sauvages, ces pouvoirs inouïs accordés au mari durent nécessairement disparaître ; nous savons par l'histoire de quelle vénération la femme romaine était entourée ; On conçoit donc que le mari dut avoir sur sa compagne certains droits, sans avoir le droit exorbitant de vente et d'abandon noxal. C'est à cette nouvelle condition de la femme que se réfère le passage invoqué par M. Gide. Ainsi donc, dans les derniers temps, le mari ne pouvait pas céder noxalement sa

(1) C. IV, § 80.
(2) C. I, §§ 117-118.

2

femme *in manu;* mais il ne résulte pas de cela qu'il n'avait aucun droit sur la personne de sa femme.

(*c*) M. Gide cite encore à l'appui de sa démonstration trois textes : le premier emprunté à Gaius (1), le second à Paul (2), le troisième aux Institutes de Justinien (3), aux termes desquels l'injure adressée à la femme mariée avec *manus* ou *sinè manu* pouvait rejaillir sur le mari. M. Gide en conclut que les droits du mari sur la personne de sa femme n'étaient pas plus étendus dans le cas où il l'avait *in manu,* que dans celui où il ne l'y avait pas.

Cet argument nous paraît peu sérieux, c'est pourquoi il ne saurait être pris en considération.

Il nous sera permis à notre tour d'exposer les raisons qui nous empêchent de nous rallier au système du savant professeur.

La *manus* opérait une *capitis deminutio;* comment, dès lors, concevoir que cette *capitis deminutio* n'ait eu d'effet que sur les biens de la femme lorsque la *capitis deminutio* produite par l'adoption et l'adrogation engendrait des effets et sur les biens et sur la personne de l'individu adopté ou adrogé?

Si le but de la *manus* consistait à mettre en commun avec ceux du mari les biens de la femme, il n'aurait pas été nécessaire de recourir à la *confarreatio,* à l'*usus* ou à la *coemptio.* Lorsque la femme était *sui juris,* elle n'aurait eu qu'à manciper ses biens; sinon, son *paterfamilias* les aurait mancipés. Puisque ces formalités existaient, elles avaient donc leur utilité et cette utilité consistait précisément à

(1) *C.* III, § 221.
(2) Sent. V, L; § 3;
(3) Inst. IV, L; § 2.

procurer au mari en même temps des droits et sur la personne et sur les biens de la femme.

Enfin Gaius et Ulpieu répètent à l'envi que la femme *in manu* était *loco filiæ*. Comme il ne saurait y avoir de doute sur la signification de cette expression, si nous adoptions le système de M. Gide, nous devrions admettre que ces deux jurisconsultes ont commis une erreur et telle n'est pas notre opinion.

§ II. — *Droits de la femme dérivant de la «manus.»*

Nous avons dit que la *conventio in manum* avait pour effet de placer la femme *loco filiæ*. Cette qualité de fille vis-à-vis de son mari avait pour l'épouse une grande importance quant à ses droits héréditaires; elle lui permettait de succéder à son mari comme une fille et au rang de fille; toutes les règles relatives au droit héréditaire de la fille s'appliquaient donc sans difficulté à celui de la veuve.

Nous allons rappeler les principales conséquences qui résultaient de ce droit héréditaire en nous plaçant tour à tour dans l'hypothèse où le mari a fait un testament et dans celle où il est mort sans avoir testé.

I. — LE MARI A FAIT UN TESTAMENT

Assimilée à la propre fille de son mari, la femme *in manu* faisait par conséquent partie des héritiers siens; comme tout héritier sien, elle devait être instituée ou exhérédée; mais le mari n'était tenu de

l'exhéréder qu'*inter cœteros*, la nécessité d'une exhé-
dération *nominatim* n'existant qu'à l'égard du fils
de famille.

L'omission de la femme *in manu* dans le testament de son mari n'avait pas pour effet de frapper
de nullité cet acte. La femme *prœterita* avait simplement la faculté d'exercer le droit d'accroissement.
L'étendue de ce droit variait suivant la qualité des
personnes instituées; le mari avait-il institué des
héritiers siens, la veuve, dont le nom ne figurait pas
dans le testament, prenait *jure accrescendi* une part
virile dans la succession; le mari n'avait-il au contraire appelé à l'hérédité que des *extranci*, la veuve
avait droit à la moitié de la succession. Dans cette
dernière hypothèse, le préteur pouvait même lui
accorder la *bonorum possessio contrà tabulas* qui lui
permettait de recueillir la totalité des biens compris
dans la succession.

Nous avons jusqu'à présent supposé que le défunt
avait testé après avoir acquis la *manus* sur sa femme.

Mais qu'arrivait-il lorsque le mari avait testé avant
son mariage?

Gaius nous apprend que la *conventio in manum*
produisait l'effet de l'*agnatio postumœ filiœ* (1); par
conséquent, le testament était rompu.

La femme libérée de la *manus* par l'*emancipatio*,
était assimilée à une fille émancipée : elle devait donc,
pour l'observation du droit prétorien, être instituée
ou exhérédée, sans quoi le préteur lui accordait la
bonorum possessio contra tabulas.

Au cas d'exhérédation de la femme soit restée *in*

(1) C. ii, § 139.

manu, soit émancipée, nous sommes porté à croire, même en l'absence de texte précis, que la femme était admise à invoquer, non pas le *jus accrescendi,* mais la *querela inofficiosi testamenti,* comme tout enfant exhérédé sans cause légitime.

II. — LE MARI EST DÉCÉDÉ « AB INTESTAT »

A défaut de testament du mari, la femme n'avait plus aucune des voies qui précèdent, soit la vocation directe ou l'institution, soit une voie indirecte, comme le *jus accrescendi,* la *bonorum possessio contra tabulas* et la *querela inofficiosi testamenti.* Mais elle venait au premier rang des héritiers légitimes, toujours *loco filiæ* et comme *heres sua;* dans ce cas, elle concourait par égale portion avec ses enfants, dont elle était comme la sœur; s'il n'y avait pas d'enfants, soit communs, soit issus d'un autre mariage du mari, elle lui succédait seule, à l'exclusion des agnats et des cognats.

Dans les divers cas où la femme venait à la succession de son mari, soit comme instituée, soit au moyen du *jus accrescendi,* soit *ab intestat,* soit encore par la *querela inofficiosi testamenti,* étant *heres sua et necessaria,* elle acquérait l'hérédité sans avoir à faire adition; elle ne pouvait se soustraire à cette nécessité légale qu'en invoquant le bénéfice d'abstention.

Au contraire, lorsque la femme émancipée venait à la succession au moyen de la *bonorum possessio contra tabulas,* elle était obligée d'obtenir l'autorisation du préteur pour acquérir l'hérédité; car, dans cette hypothèse, elle n'était plus *heres sua.*

SECTION V

DES CAUSES D'EXTINCTION DE LA « MANUS »

La *manus* avait deux causes d'extinction : (*a*) D'abord, la mort naturelle ou civile du mari ou de la femme; ces deux événements ayant pour effet de dissoudre le mariage, il est évident que la *manus* ne pouvait survivre au mariage; (*b*) en second lieu, l'émancipation de la femme; la femme pouvait exiger son émancipation en exerçant son droit au divorce; en effet, le divorce, sans éteindre directement la *manus*, mettait le mari dans l'obligation d'y renoncer. Comment s'obtenait ce résultat? Quand la *manus* avait été établie par la *confarreatio*, elle se dissolvait au moyen d'une cérémonie religieuse appelée *diffarreatio;* quand elle avait été constituée par la *coemptio* ou par l'*usus*, il suffisait d'une mancipation suivie d'affranchissement (1).

CHAPITRE DEUXIÈME

De la « bonorum possessio undè vir et uxor. »

SECTION PREMIÈRE.

SON ORIGINE

Nous avons dit que la femme mariée *sinè manu* conservait la position qu'elle avait avant son mariage

(1) Gaius, I, 137.

et restait complètement étrangère à la famille de son
mari; en conséquence aucun lien de parenté civile
ne se formait entre les deux époux; et comme cette
parenté était la base de l'ordre successoral, il en
résultait que la femme était privée du droit de succession *ab intestat* vis-à-vis de son mari; il ne pouvait
donc être question en sa faveur ni d'*institutio heredis*
obligatoire, ni de *bonorum possessio contrà tabulas,*
ni de droit d'accroissement, ni de *querela inofficiosi
testamenti.*

Nous n'avons pas besoin de faire remarquer combien une semblable rigueur était peu conforme à la
nature des liens d'affection qui unissent les époux.
Cependant cela n'eut rien de bien choquant tant que
subsista la *manus;* car l'acquisition de cette puissance était pour le mari comme pour la femme un
moyen d'avantager son conjoint; mais le jour où la
manus tomba en désuétude, cette préférence absolue
accordée par la loi aux agnats et aux cognats du
défunt sur l'époux survivant constitua une iniquité.

Le préteur essaya de corriger cette iniquité lorsqu'il organisa sous le nom de *bonorum possessiones*
un ordre de successions où les droits de la nature
trouvèrent une satisfaction que leur avait refusée le
droit civil. De même qu'en l'absence de testament il
avait donné la possession des biens à des parents
exclus de la succession par le droit civil : *undè liberi,*
aux enfants émancipés; *undè cognati,* aux parents
naturels, de même, au moyen de la *bonorum possessio undè vir et uxor,* il appela l'époux survivant à
la succession de son conjoint prédécédé, lorsque la
manus n'existait pas entre eux.

Il est très difficile de déterminer avec précision la

date de cette réforme; nous croyons avec M. Boissonade (1) qu'elle prit naissance à la fin de la République, époque à laquelle furent organisées les autres
possessions de biens.

SECTION DEUXIÈME

NATURE DE CE DROIT

A la différence des anciennes successions qui conféraient le *dominium ex jure quiritium,* la *bonorum
possessio undè vir et uxor* ne donnait à l'époux que
la propriété bonitaire et elle constituait une *justa
causa usucapiendi* (2). Mais à l'époque de Justinien,
l'époux n'avait pas besoin d'usucaper : il acquérait
immédiatement la propriété quiritaire, la seule d'ailleurs que le droit de Justinien reconnaissait.

Ce droit n'avait lieu qu'autant que les deux époux
étaient unis par un mariage légitime, c'est-à-dire
par les *justæ nuptiæ;* il en résultait que le *concubinatus* ne donnait pas droit à la *bonorum possessio;*
d'ailleurs, les noms de *vir et uxor* n'ont jamais été
appliqués à des concubins (3).

Enfin, on exigeait que le mariage durât encore au
moment de la mort de l'époux prédécédé; en conséquence, le survivant ne pouvait pas exercer ce droit
de succession s'il y avait eu un divorce régulier, lors
même que le divorce était intervenu *bonâ gratiâ* ou
par la faute du prémourant.

(1) Histoire des droits de l'époux survivant, p. 68.
(2) Gaïus, III. 80.
(3) Boissonade (op. cit.), p. 70.

SECTION TROISIÈME

COMMENT ACQUÉRAIT-ON CETTE « BONORUM POSSESSIO ? »

A l'origine, une demande expresse, conçue en termes solennels et portée devant le magistrat supérieur, était nécessaire pour l'acquisition de la *bonorum possessio*. Mais à partir de l'empereur Constance, il fut permis de rédiger cette demande en termes quelconques et de l'adresser aux magistrats municipaux. D'après M. Accarias (1), la pratique alla jusqu'à attacher l'acquisition de la *bonorum psssessio* à une manifestation de volonté quelconque.

Le rôle du magistrat chargé d'examiner ces demandes ne consistait point à vérifier les faits allégués, mais seulement à voir si, ces faits étant supposés vrais, la demande paraissait conforme à l'édit; en d'autres termes, le magistrat faisait acte de juridiction gracieuse.

L'époux était tenu de faire sa demande dans un délai de cent jours. Ce délai ne commençait à courir que lorsque le conjoint avait connaissance de sa vocation ou était en mesure de l'invoquer; il en résultait qu'à l'égard d'un conjoint fou, ce délai ne pouvait pas courir; son curateur, du moins jusqu'à Justinien, n'avait pas le droit de demander en son nom la *bonorum possessio* (2). Ce délai de cent jours était un délai utile, c'est-à-dire qu'il ne comprenait que les jours pendant lesquels, en fait comme en droit, il avait été possible au conjoint de former sa demande.

(1) **Précis de droit romain**, tome II, p. 115.
(2) **Dig.**, 37, loi 1, 3.

Si le conjoint n'avait pas formé sa demande dans ce délai, sa vocation s'évanouissait absolument.

Toutes ces règles furent modifiées par Justinien, qui décida que la *bonorum possessio* ne serait plus demandée au magistrat et serait acquise au moyen d'une simple manifestation de volonté (1).

SECTION QUATRIÈME

EFFETS DE CETTE « BONORUM POSSESSIO »

L'époux survivant qui avait obtenu la *bonorum possessio* venait, à la succession de son conjoint prédécédé, à un rang fort éloigné. Ce rang était toujours le dernier, sauf peut-être dans une hypothèse que nous examinerons plus bas. L'époux ne venait donc à la succession que pour primer le fisc.

Le nombre des successeurs appelés avant lui variait suivant l'état juridique de la personne du défunt. Ce dernier était-il devenu *sui juris* sans passer par la voie de l'émancipation, ou bien avait-il été émancipé *contractâ fiduciâ*, la possession de l'époux était la quatrième dans l'ordre suivant : *Unde liberi, undè legitimi, undè cognati, undè vir et uxor.* S'agissait-il au contraire d'un ingénu émancipé sans fiducie, c'est-à-dire d'un ingénu ayant un *manumissor extraneus*, la *possessio* de l'époux survivant était la cinquième dans l'ordre que voici : *undè liberi. undè decem personœ, undè legitimi manumissoris, undè cognati, undè vir et uxor.* C'est ici que la possession de l'époux ne semble pas la dernière et qu'on

(1) **Inst.** III, 9. **§** 10.

pourrait, avec Justinien (1), la faire suivre de la
possessio undè cognati manumissoris.

Le fisc, avons-nous dit, était toujours rejeté après
l'époux, c'est-à-dire qu'il ne venait qu'à son défaut.
On pourrait peut-être en douter en présence d'une
constitution de Caracalla (2), qui suppose le fisc possesseur en face d'un époux et justement obligé d'exécuter envers celui-ci une donation faite par le défunt ;
d'où il résulte, ont soutenu certains auteurs, qu'il
était des cas où le fisc était préféré au conjoint survivant. Nous croyons, au contraire, avec Pothier (3)
qu'il s'agit dans l'espèce d'un époux qui a négligé
de demander la possession de biens à laquelle il avait
droit. Cette conjecture est tout à fait autorisée par
ces mots : « *Si bona vacantia fiscus occupaverit.* »
D'ailleurs, si l'époux n'avait pas primé le fisc, on ne
voit pas quand il aurait pu succéder, puisque le fisc
ne faisait jamais défaut. Au surplus, non-seulement
l'époux primait le fisc, mais il paraît même qu'à une
certaine époque l'époux était admis à primer certains
parents du défunt; car une constitution de Théo-
dore II et de Valentinien III, rendue l'an 427 après
J.-C. (4), abrogea formellement une ancienne
constitution, restée inconnue, qui préférait les époux
à certains cognats; désormais l'époux survivant ne
put exclure que le fisc.

Cette législation subsista jusqu'au règne de Justinien. Ce prince rendit plus favorable la position du
conjoint survivant en assimilant presque entièrement la succession des affranchis à celle des ingénus

(1) Instit. iii, 9. § 3.
(2) Code, l. i. *De donat. int. vir. et uxor.*
(3) Traité des Pandectes, 15 ; page 401.
(4) Code, l. i: C. iv, 18.

et en suppléant le contrat de fiducie dans toute émancipation, ce qui lui permit de supprimer les *bonorum
possessiones undè decem personœ, undè patronus
patronaque, tumquem ex familia et undè cognati manumissoris*. De cette manière l'époux resta, il est
vrai, le dernier des possesseurs de biens, mais il fut
toujours assuré d'être au moins au quatrième rang.

CHAPITRE TROISIÈME

De la quarte de la veuve pauvre.

SECTION PREMIÈRE

SON ORIGINE

Ce droit remonte à la nov. 53, ch. vi, de 537, qui
décida que la femme pauvre non dotée prendrait dans
la succession de son mari, s'il était riche, un quart
de tous ses biens même en face d'enfants non communs. Cette première disposition fut déclarée commune au mari et à la femme indistinctement.

Cette novelle était la reproduction presque littérale
d'un rescrit de Théodose et de Valentinien (1) qui
réglait la situation du conjoint injustement répudié.
Aux termes de ce rescrit, l'époux pauvre et non doté,
qui avait été répudié sans cause par son conjoint,
avait droit au quart en pleine propriété des biens
composant le patrimoine de ce dernier; lorsqu'il y
avait des enfants communs, l'époux avait bien droit

---

(1) Code, — de repud., — loi 8, § 7.

à la pleine propriété de cette part, mais il était tenu de la conserver à ses enfants et de la leur rendre à son décès.

La nov. 117 de 542 vint apporter un tempérament à ce droit nouveau en décidant que ce gain de survie appartiendrait désormais à la femme survivante et jamais au mari; cette même novelle restreignit le bénéfice dont il s'agit à une simple part virile lorsqu'il y avait plus de trois enfants.

A partir de cette époque, les hommes veufs se trouvèrent donc replacés sous le régime des constitutions antérieures. Cependant, on finit plus tard par accorder au veuf qui avait des enfants le droit de prendre dans la succession de sa femme une part virile d'usufruit.

SECTION DEUXIÈME

DE LA NATURE DE CE DROIT

§ I. — *Législation de Justinien.*

Nous avons à rechercher quelle était, sous la législation de Justinien, la nature du droit qu'exerçait la femme sur les biens de son mari défunt en vertu de la nov. 117. Consistait-il en une pleine propriété ou bien seulement en usufruit? Dans quels cas consistait-il en propriété? Dans quels cas consistait-il en usufruit?

La solution de ces questions a donné lieu à de grandes controverses; nous examinerons les diverses opinions qui ont été émises en envisageant tour à tour les différentes hypothèses qui peuvent se présenter.

Première hypothèse. — La femme se trouve en présence d'héritiers *ab intestat,* autres que des enfants issus de son mariage avec le prédécédé.

Ce cas n'offre aucune difficulté; car tout le monde est d'accord pour admettre que la femme avait droit alors à une part en pleine propriété; d'ailleurs le texte de la novelle est formel sur ce point.

Deuxième hypothèse. — La femme se trouve en présence d'enfants issus de son mariage avec le prédécédé.

Il était autrefois admis par l'unanimité des auteurs que la femme n'avait droit dans cette hypothèse qu'à un usufruit, soit du quart, soit d'une part virile selon le nombre des enfants. Cette opinion s'appuyait sur les termes mêmes de la nov. 117, ch. 5 : « *Ita quippè, ut usum solum in talibus rebus mulier habeat, dominium autem illis filiis servetur quos ex ipsis nuptiis habuerit. Si verò talis mulier ex eo non habuerit, jubemus etiam dominii jure habere eas res, quas ex viri facultatibus ad eam venire per præsentem jussimus legem.* »

Une opinion différente, présentée en Allemagne par Loëhr, a réuni de nombreux adhérents. Selon ce jurisconsulte, la nov. 53 aurait servi de modèle à Justinien pour sa nov. 117; d'autre part, comme la nov. 53 n'est autre chose que la reproduction du rescrit de Théodose et de Valentinien, dont il a été parlé, il en conclut que la décision contenue dans ce rescrit doit s'étendre à la nov. 117. Or, il résulte de ce rescrit que l'époux injustement répudié avait droit à une part en pleine propriété, mais qu'il était tenu de conserver aux enfants issus du mariage dissous, sans pouvoir l'aliéner ou l'hypothéquer, tout ce qu'il avait gagné au divorce. En conséquence, la femme veuve avait droit à une pleine-propriété soumise à certaines restrictions dans l'intérêt des enfants.

Nous sommes loin de méconnaître l'importance que peut avoir l'étude des relations historiques entre une loi et les lois qui l'ont précédée; cependant nous estimons qu'on ne saurait aller à l'encontre d'un texte formel; or, il est dit en propres termes dans la nov. 117 que la veuve avait simplement l'usufruit : « *Ut usum solum habeat*..... » Cela constitue, il est vrai, une innovation de Justinien; mais cela ne doit pas nous surprendre, car la novelle s'annonce comme étant une loi réformatrice : « *In præsenti melius utramque legem disponentes, sancimus*..... » La veuve n'avait donc droit qu'à une part en usufruit lorsqu'elle se trouvait en présence d'enfants communs.

Troisième hypothèse. — La femme est en concours en même temps et avec des enfants issus de son mariage avec le *de cujus* et avec d'autres enfants issus d'un mariage précédent de ce dernier.

Nous ne trouvons dans les novelles de Justinien aucun texte contenant une solution de cette troisième hypothèse.

En présence du silence de la loi, trois opinions ont été présentées sur la question.

(*a*) On a d'abord soutenu que la femme avait droit seulement à l'usufruit de toute sa part et que la propriété devait en être attribuée exclusivement aux enfants communs.

La nov. 117, a-t-on dit à l'appui de cette opinion, dit expressément que la veuve n'a droit à la propriété que lorsqu'elle ne concourt pas avec des enfants communs; si donc il y a des enfants communs et des enfants issus d'un premier mariage, la présence des enfants communs suffit pour que la femme n'ait droit qu'à l'usufruit. A qui donc va appartenir la propriété? Il est dit expressément dans la novelle que là où la femme n'a que l'usufruit, la propriété appartient aux enfants communs; il en résulte donc que ces derniers avaient à eux seuls la propriété de la portion de la veuve.

Cette argumentation nous paraît inexacte, car la novelle ne dit en aucune façon que lorsque la veuve n'a que l'usufruit, la propriété ne peut appartenir qu'aux enfants communs; elle ne fait que supposer le cas le plus fréquent, celui où elle concourt seulement avec des enfants communs et dit qu'en ce cas la propriété appartiendra seulement à ces enfants.

(*b*) Dans une deuxième opinion, on admet que la femme devait recevoir simplement l'usufruit de toute sa part, et que la propriété devait en être attribuée proportionnellement aux enfants communs et à ceux du lit précédent.

Nous repoussons également cette opinion, car elle est en opposition avec le texte de la nov. 117. Que dit, en effet, cette novelle? Lorsque la veuve aura l'usufruit, la nue-propriété appartiendra aux enfants communs. Mais il n'est nullement question des enfants du premier lit. Ainsi donc, si l'on attribue à ces derniers un droit de nue propriété, on leur accorde un droit qui n'est l'objet d'aucune disposition législative.

(*c*) Enfin, on a soutenu que la veuve devait avoir la propriété de sa part en tant qu'elle concourait avec des enfants d'un précédent lit et seulement l'usufruit en tant qu'elle concourait avec des enfants communs.

Cette opinion nous paraît la plus juridique; car elle respecte la règle qui veut que, lorsque la veuve a un droit d'usufruit, la propriété ne puisse appartenir qu'aux enfants communs.

§ II. — *Législation postérieure à Justinien.*

La quarte du conjoint pauvre subit une modification postérieurement à Justinien. La nov. 106 de Léon le philosophe décida que la veuve pauvre aurait toujours la propriété de son quart ou de sa part virile alors même qu'elle serait en concours avec des enfants. Désormais, la femme ne fut plus obligée de conserver sa part à ses enfants; son droit de disposition fut entier et définitif et ne fut soumis à aucune obligation; quant aux enfants, ils n'eurent le droit d'acquérir la propriété de la part que leur mère avait recueillie dans la succession de leur père qu'autant qu'ils devenaient les héritiers de cette dernière.

Il est à remarquer que cette novelle interprète les nov. 53 et 117 comme avait fait Loëhr et suppose que d'après ces lois la veuve pauvre avait toujours la propriété de sa part, mais était, dans certains cas, tenue de l'obligation de conserver et de rendre cette propriété aux enfants sans pouvoir l'aliéner ou l'hypothéquer.

SECTION TROISIÈME

DE L'ÉTENDUE DE CE DROIT

En règle générale, la veuve avait droit au quart des biens laissés par son mari; cela résulte d'une

manière formelle de la nov. 117. Cependant, lorsqu'elle venait en concours avec plus de trois enfants
issus de son mariage avec le défunt ou d'un mariage
précédent du défunt, elle ne pouvait jamais exiger
qu'une part virile.

Il était généralement admis, bien que la novelle ne
le dise pas expressément, que plusieurs petits-fils
issus d'un fils ou d'une fille prédécédés ne devaient
compter que pour l'enfant dont ils étaient issus.

La quarte ne pouvait jamais excéder cent livres
d'or; cette disposition était empruntée à la nov. 22,
ch. 18 statuant pour le cas assez analogue de la
répudiation par le mari d'une femme *indotata*.

SECTION QUATRIÈME

DES CONDITIONS AUXQUELLES ÉTAIT SOUMIS L'EXERCICE DE CE DROIT

De l'assimilation qu'il y a lieu d'établir entre le
droit successoral de la veuve et les peines de la répudiation, il résulte que le droit de la veuve dans la
succession de son mari, en vertu de la nov. 117, était
subordonné aux trois conditions suivantes : (*a*) Il
fallait que le mari prédécédé fût riche; (*b*) que la
femme fût pauvre; (*c*) qu'elle fût *indotata*. La loi
étant muette sur le point de savoir quand le mari
devait être réputé riche et la femme pauvre, la solution de ces deux questions était abandonnée à l'appréciation des juges, qui devaient examiner et la position
sociale des époux et le rang qu'ils avaient occupé
dans la société. La femme était *indotata* non-seulement lorsqu'il n'y avait pas eu de dot constituée,

mais encore lorsqu'elle n'avait pas reçu de donation anté-nuptiale ; à notre avis, il aurait été plus juste de considérer la situation pécuniaire de la femme au moment du décès de son mari.

SECTION CINQUIÈME

DES CARACTÈRES DE CE DROIT

On admet généralement que le droit de la femme pauvre constituait une véritable réserve. Il en résultait que, si la femme n'avait rien reçu de son mari, elle avait le droit de prendre la quarte dans sa succession, en faisant, si cela était nécessaire, réduire les dispositions de dernière volonté qu'aurait pu faire le mari. Par la même raison, si le mari avait laissé à sa veuve une part inférieure à celle qui lui était attribuée par la loi, elle avait le droit d'exiger qu'on lui complétât sa part (1). M. Boissonade prétend, au contrare, que la quarte de la femme ne constituait pas une réserve et que par conséquent elle pouvait être réduite ou supprimée par testament (2).

La veuve était tenue d'imputer sur sa quarte toutes les dispositions faites à son profit *mortis causâ ;* elle était également tenue d'imputer toutes les donations entre-vifs à elle faites par son mari, car ces donations n'étaient confirmées que par le prédécès du mari.

Il est également généralement admis que la veuve devait contribuer au paiement des dettes proportionnellement à ce qu'elle prenait dans l'actif.

(1) Nov. 53. Ch. 6. Princip.
(2) Op. cit, p. 73.

En terminant notre étude sur la quarte, il nous
paraît intéressant d'examiner la question suivante :
La veuve recueillait-elle sa part à titre d'héritière ou
bien à titre de créancière ?

La solution de cette question offre une grande importance à différents points de vue, comme nous
allons le voir.

Il est d'abord évident que la question ne se pose
pas lorsque, par une disposition de dernière volonté,
le mari avait laissé à sa femme ce qui lui revenait;
car, dans ce cas, la nature de la disposition déterminait la nature du droit de la veuve ; cette dernière
était donc réputée légataire ou donataire, selon que le
mari avait disposé par testament ou par donation.

Nous sommes donc forcément obligé d'envisager
l'hypothèse où le mari n'avait eu recours à aucune
disposition ; la femme devait-elle alors être considérée
comme héritière ou comme créancière?

Dans une première opinion, on soutient que la
veuve était une véritable héritière *ab intestat.* A l'appui de cette opinion, on invoque les termes mêmes
de la novelle 53, ch. 6, § 1 : « *Nisi fortè secundum
quod in illius jure ex hac lege heres exstiterit.* »

Cette opinion nous paraît inexacte pour plusieurs
motifs. Et d'abord, nous sommes loin d'admettre
que le passage précédent ait le sens qu'on lui prête;
il est bien dit dans ce passage que la femme peut se
trouver héritière de ce qui lui est accordé par la loi;
mais il n'est pas dit qu'elle ait cette qualité dans
l'hypothèse qui nous occupe. D'ailleurs, il est certain que la femme divorcée avait pour réclamer sa
quarte une *condictio ex lege*; or, nous savons que la
nov. 117 est presque la reproduction du rescrit de

Valentinien et de Théodose réglant la situation du
conjoint répudié sans cause; il faut donc en conclure
que la femme pauvre avait également une *condictio
ex lege;* mais la *condictio ex lege* était une action
personnelle qui ne s'appliquait qu'aux créances; par
conséquent le droit de la femme pauvre était un
droit de créance. Enfin, nous avons vu que le droit
de la veuve était un droit d'usufruit quand elle concourait avec des enfants communs; nous ferons
remarquer que, chez les Romains, la nature de ce
droit était incompatible avec la qualité d'héritier
véritable chez le titulaire. Il résulte donc de tout ce
qui précède, que la veuve pauvre, non gratifiée par son
mari au moyen d'une disposition de dernière volonté,
était un simple créancier héréditaire à titre universel.

L'adoption de ce système entraîne les conséquences
suivantes : 1° Les conditions de capacité auxquelles
était soumis l'exercice de la quarte devaient simplement exister le jour de l'ouverture de la succession. La pauvreté était, avons-nous dit, la condition
fondamentale de la capacité héréditaire de la femme;
la disparition de la pauvreté, quelques jours seulement après l'ouverture de la succession, ne faisait
donc pas disparaître le droit de la femme; 2° la
femme ne tenait sa quarte qu'en vertu d'une *condictio ex lege,* action toute personnelle. Cette action
faisait partie du patrimoine de la femme dès le jour
de l'ouverture de l'hérédité; à partir de ce jour,
elle était transmissible aux propres héritiers de la
femme.

APPENDICE PREMIER

De la dot, considérée comme gain légal de survie du mari

A. Nous n'avons pas à présenter ici un exposé, même succinct, de la dot; nous ne devons l'envisager que comme gain légal de survie. il nous importe donc seulement d'examiner dans quels cas et à quelles conditions la dot était acquise au mari survivant. Pour cela il nous faut seulement distinguer si la dot était profectice ou adventice.

(a) On donnait le nom de *dot profectice* à la dot qui avait été constituée par le père de famille, investi de la puissance paternelle; plusieurs textes considéraient également comme profectice la dot constituée par le père à sa fille émancipée (1).

La dot profectice, bien qu'appartenant au mari pendant le mariage, était soumise à restitution lorsque le mariage était dissous par la mort du mari ou par le divorce; car il importait alors à l'intérêt public que la femme recouvrât sa dot, afin de pouvoir se remarier et donner des enfants à l'Etat (2). La dot était également restituable lorsque la femme mourait *in matrimonio*, son père étant encore vivant; car ce dernier, qui, en dotant sa fille n'avait fait qu'exécuter une obligation légale, n'était pas censé avoir eu l'intention de gratifier le mari à ses propres dépens. Pomponius expliquait ce droit du père de famille

(1) Dig., l. 5, § 11. *De jure dot.*
(2) Dig., l. 1. *Sol. matr.*

d'une manière assez bizarre : « *Ne et filiæ amissæ et pecuniæ damnum sentiret.* » « Il a perdu sa fille, il faut le consoler en lui rendant son argent (1). »

En sens contraire, la dot n'était point restituable et, par conséquent, elle constituait un gain légal de de survie : 1° Lorsque le mari survivait tout à la fois à sa femme et au père de cette dernière ; 2° lorsque, en cas de divorce, la femme venait à décéder sans avoir mis son mari en demeure de restituer la dot (2). Dans ces deux hypothèses, il n'y avait évidemment aucun motif à forcer le mari à se dépouiller d'une chose dont, en principe, il était propriétaire depuis la célébration du mariage.

(*b*) La dot adventice était celle qui était constituée par toute autre personne que le père de famille : soit par la femme elle-même, soit par un tiers, parent ou non.

La dot aventice n'était restituable que lorsque le mariage était dissous par le décès du mari ou par le divorce.

Par conséquent, le mari gagnait la dot, et dès lors il y avait pour celui-ci gain légal de survie toutes les fois que le mariage était dissous par le prédécès de sa femme ; il en était de même lorsque, le mariage ayant été dissous par le divorce ou par le prédécès du mari, la femme venait à décéder sans avoir intenté son action en restitution de la dot, ou sans avoir mis son mari ou les héritiers du mari en demeure de restituer la dot (3).

Les motifs de ces diverses distinctions se déga-

---

(1) Accarias (*Op. cit.*), I, p. 703.
(2) Boissonade (*Op. cit.*), p. 46.
(3) Boissonade (*Op. cit.*), p 42.

gent facilement. La dot n'était point restituable dans ces différentes hypothèses, parce qu'il n'y avait plus lieu de procurer à la femme les moyens de contracter un nouveau mariage. Si la dot adventice n'était point restituable, comme cela avait lieu pour la dot profec- tice, lorsque le mariage était dissous par le prédécès de la femme, le constituant de la dot étant encore vivant, c'est que celui-ci n'avait pas agi sous le poids d'une obligation légale comme le constituant de la dot profective, mais dans une intention de libéra- lité; on présumait dès lors une une dispense de resti- tution.

Dans tous les cas où le mari bénéficiait de la dot, soit profectice, soit adventice, c'était par application de la volonté présumée du constituant : c'est pour- quoi de tout temps il fut permis d'en stipuler express- sément la restitution; la dot prenait alors le nom de *dos receptitia* et le droit de la recouvrer appartenait toujours au constituant ou à ses héritiers; dans le dernier état du droit classique, ce résultat pouvait être obtenu au moyen d'un pacte fait *in continenti*.

Justinien innova gravement en ce qui concerne les modes de la restitution de la dot; désormais il n'y eut plus de distinction entre la dot profectice et la dot adventice (1). La femme fut censée avoir toujours stipulé la reprise de sa dot; qu'elle survécût ou qu'elle prédécédât, sa dot était toujours réceptice. Elle n'avait même pas besoin d'interpeller de son vivant, soit son mari, soit les héritiers de son mari. Mais, dans tous les cas, les pactes contraires restè- rent permis et le mari pouvait valablement stipuler qu'il ne serait pas tenu de restituer la dot. En

(1) Ginoulhiac (*Op. cit.*), p. 106.

résumé, à l'époque de Justinien, le gain de la dot n'était plus légal, il n'était que conventionnel.

B. Il nous semble utile de dire à ce sujet quelques mots de la *retentio propter liberos* que l'on peut considérer comme un véritable gain légal de survie au profit du mari.

Voici dans quelles circonstances se produisait cette *retentio* : Nous savons que le mari était obligé de restituer la dot profectice lorsque le mariage était dissous par la mort de femme, le père de cette dernière étant encore vivant; dans ce cas, le mari avait le droit de retenir sur le montant de la dot un cinquième par enfant *in infinitum* jusqu'à épuisement (1). Ce gain de survie constituait pour le mari une indemnité des charges de la paternité.

Le mari pouvait également exercer son droit de *retentio propter liberos* lorsque la dot était soumise à restitution par suite du divorce; la quotité de la retentio consistait alors en un sixième par enfant, sans jamais pouvoir être supérieure aux trois sixièmes; dans cette hypothèse ce droit constituait, il est vrai, un véritable gain pour le mari, mais ce n'était point un gain de survie.

Toutes les *retentiones* furent abolies par Justinien : « *Taceat retentionum verbositas* (2). » Il n'était donc plus question au Bas-Empire de la *retentio propter liberos.*

C. La dot considérée comme gain légal de survie du mari était rangée parmi les *mortis causâ capiones* soumises aux lois décimaires ou caducaires (lois *Julia de maritandis ordinibus et Papia-Poppœa*, ren-

---

(1) Boissonade (*Op. cit,*), p. 39.
(2) Code v, 13, L. un. § 5.

dues sous Auguste en 757 et 762, *post. Rom. cond.*)

Nous savons que ces lois, dans le but d'encourager au mariage et à la procréation légitime, qu'avaient diminués les guerres, les divorces et les mauvaises mœurs, frappèrent le célibat (*cœlibes*) de la perte totale et les unions stériles (*orbi*) de la perte partielle des *mortis causâ capiones*. (Par *mortis causa capiones* nous entendons certaines acquisitions, telles que la dot, à titre gratuit, subordonnées au décès de celui dont proviennent les biens) (1). Il ne rentre pas dans notre sujet d'étudier les moindres dispositions de ces deux célèbres lois, il nous suffira de nous occuper des peines de l'*orbitas* qui venaient frapper le mari survivant dont l'union avait été stérile.

Le mari *orbus* n'avait droit sur la dot qui lui était acquise à titre de gain de survie, qu'à un dixième en pleine propriété (ce dixième était pris *matrimonii nomine*) et qu'à l'usufruit du tiers des biens dont il était ainsi privé ; en résumé, il recueillait un dixième en propriété et trois dixièmes en usufruit.

Le mari n'évitait les peines de l'*orbitas* que lorsqu'il avait un enfant commun et né du mariage qui venait de se dissoudre. S'il avait des enfants d'un premier lit, chacun de ces enfants lui permettait de recueillir un dixième en propriété, qui venait s'ajouter au dixième pris *matrimonii nomine ;* il en résultait que le mari survivant évitait les peines de l'*orbitas* quand il avait neuf enfants issus d'un précédent mariage, puisque chaque enfant lui donnait un dixième, soit neuf dixièmes qui venaient s'ajouter au dernier dixième *matrimonii nomine*.

(1) Boissonade (*Op. cit.*), p. 99.

Lorsque le mari n'était point soumis à la déchéance résultant de l'*orbitas* on disait qu'il avait alors la *solidi capacitas* ou capacité de recevoir tout le gain de survie.

Ce résultat pouvait être obtenu, non-seulement dans les deux cas qui précèdent, mais encore lorsque le mari avait : 1° ou un enfant commun mort pubère ; 2° ou un enfant commun mort impubère, mais dans les dix-huit derniers mois ; 3° ou deux enfants communs morts à l'âge de trois ans ; 4° ou trois enfants communs décédés après le *nominum dies*.

Même en l'absence d'enfants, certaines circonstances favorables conféraient la *solidi capacitas;* en effet, on considérait comme *solidi capaces* : 1° Le mari absent pour service public (cette faveur durait même un an après le retour); 2° celui qui avait obtenu du Sénat ou du Prince le *jus liberorum;* 3° celui qui était âgé de moins de vingt-cinq ou de plus de soixante ans; 4° et enfin celui qui était cognat de sa femme au sixième degré (1).

En sens inverse, le mari, quoique réunissant toutes les conditions voulues pour posséder la *solidi capacitas*, n'avait aucun droit à son gain de survie, lorsque son mariage était contraire à ces mêmes lois *Julia* et *Papia-Poppœa*, par exemple lorsqu'un sénateur avait épousé une affranchie.

Nous savons par l'histoire que ces lois produisirent un résultat tout autre que celui qui avait été prévu par le législateur et qu'elles n'eurent pour résultat que de susciter le débordement des mœurs. D'ailleurs, certaines de leurs dispositions étaient

(1) Boissonade (*Op. cit.*), p. 101 et 103.

contraires avec les principes de la nouvelle religion qui allait devenir la religion de l'empire. C'est pourquoi Constantin supprima les déchéances attachées au célibat, mais cependant maintint les peines de l'*orbitas*. Théodose-le-Grand en affranchit les décurions; enfin, Arcadius et Honorius les abolirent complètement.

APPENDICE SECOND

De la donation anté-nuptiale ou à cause de noces, considérée comme gain légal de survie de la femme.

A. Nous savons que les donations entre époux étaient défendues dans le droit classique; mais dans l'application, cette prohibition reçut quelques exceptions; ainsi, on permettait notamment les *donationes sponsalitiœ* ou libéralités précédant le mariage entre fiancés. Ces donations faites le plus souvent par le fiancé, rarement par la fiancée, avaient de grandes analogies avec les *arrhœ sponsalitiœ;* mais elles en différaient en ce qu'elles produisaient leur effet immédiat et irrévocable même si le mariage n'avait pas lieu; l'empereur Constantin subordonna leur validité à la réalisation du mariage; plus tard, sous le règne de Théodose et de Valentinien, la donation *sponsalitia* désigna spécialement la donation faite à la femme; c'est à partir de cette époque qu'elle paraît avoir pris le nom de *donatio antè nuptias* (1).

La *donatio antè nuptias* ne devenait pas immédia-

(1) Ginoulhiac (*Op. cit.*), p. 99.

tement la propriété de la femme; elle restait entre les mains du mari ou elle se joignait à la dot *ad onera matrimonii sustinenda* (1).

Les règles de restition de la dot lui furent applicables; la femme n'en devenait donc propriétaire qu'autant qu'elle survivait à son mari ou que le mariage était dissous par le divorce provenant de la faute du mari.

L'assimilation de la donation à la dot fut complétée sur ce point par la fameuse constitution de Léon et Athénius (an 468) qui décida que le gain du mari dans la dot serait la mesure de celui de la femme dans la donation; par conséquent, si le gain du mari était conventionnellement réduit à une moitié, à un quart, la femme ne gagnait également par la survie que la moitié ou le quart de la donation; comme on le voit, la constitution de Léon et Anthénius ne prescrivait qu'une égalité de quotités et non pas de quantités.

L'assimilation fut encore poussée plus loin sous les règnes de Justin et de Justinien. Jusqu'à cette époque, tandis que la dot pouvait être constituée et augmentée pendant le mariage, la donation devait toujours l'être avant; le premier de ces empereurs permit de l'augmenter et le second de la créer pendant le mariage; dès lors l'ancien nom de donation anté-nuptiale ne fut plus exact, et pour le mettre plus en harmonie avec la nouvelle situation, au lieu de l'appeler comme autrefois *donatio antè nuptias,* on l'appela désormais *propter nuptias,* à cause de noces (2).

Justinien ne s'arrêta pas là; il décida en **539,** par

(1) Boissonade (*Op. cit.*), p. 52.
(2) Boissonade (*Op. cit*), p. 58.

la nov. 97, ch. 1ᵉʳ, que l'égalité des gains de survie entre les deux époux ne serait pas l'égalité de quotités, mais l'égalité numérique, c'est-à-dire l'égalité des sommes et valeurs. Il ne faut point oublier qu'à partir de l'année 530 la dot, même adventice, n'était plus acquise de plein droit au mari survivant, mais seulement en vertu de conventions expresses; la donation ne pouvait donc être acquise à la femme qu'autant et de la même manière que la dot était acquise au mari; par la même raison, la donation faite par le mari à une femme sans dot était dénuée de tout effet. Enfin, par la nov. 117, ch. III, Justinien restreignit, lorsqu'il y avait des enfants communs, les droits de la femme sur la donation à la pleine propriété d'une part virile et à l'usufruit du restant.

Les constitutions de Justinien ne tardèrent pas à être modifiées par les empereurs, ses successeurs, qui abolirent la nov. 97; désormais l'égalité entre les époux ne fut plus observée et la femme eut droit, lorsqu'elle survivait à son mari, à la totalité de la donation (1).

B. Lorsque le christianisme devint la religion de l'empire, les secondes noces, qui étaient considérées comme contraires à la bienséance et comme dangereuses pour les enfants du premier lit, ne tardèrent point à être frappées de peines et de déchéances juridiques, dont les effets se firent sentir sur la donation anté-nuptiale ou à cause de noces.

Le premier pas dans ce sens date de l'année 382. Une célèbre constitution connue sous le nom de Constitution *feminœ quœ*, portée par les empereurs

(1) Ginoulhiac (*Op. cit.*), p. 99-101.

Gratien, Valentinien II et Théodose, vint décider que la veuve remariée serait tenue de conserver intégrallement à tous les enfants du premier mari ou à celui d'entre eux qu'elle choisirait, tous les biens reçus de celui-ci, notamment par donation anté-nuptiale; en d'autres termes, à partir de cette époque, la femme qui se remariait ne garda plus que l'usufruit; cependant elle conserva le droit de les aliéner, mais à charge de récompense. La constitution *generaliter* de 444, qui étendit cette déchéance au convol du veuf, dispensa les enfants d'être héritiers du prémourant, pour avoir droit à la propriété enlevée ainsi à la veuve, et décida qu'il leur suffisait d'être héritiers du conjoint survivant.

Justinien, dans ses novelles, bouleversa toutes ces dispositions, édictant sans cesse de nouvelles prescriptions, que souvent il ne tardait pas à rapporter lui-même; il serait trop long d'étudier successivement chacune de ces innovations; nous allons nous borner à indiquer les principes qui furent définitivement adoptés : La veuve remariée perdait par cela même la pleine propriété de la part virile qui lui avait été concédée par la nov. 117 et ne conservait que l'usufruit; si elle avait aliéné cette part avant son convol, cette aliénation était nulle, puisqu'elle n'avait transféré la propriété que sous la condition résolutoire de son convol; cependant les enfants du premier lit n'avaient le droit de se prévaloir de la nullité de l'aliénation que s'ils venaient à survivre à leur mère, d'où cette conséquence : l'aliénation était valable s'ils mouraient avant leur mère et sans laisser de descendants (1).

(1) Boissonade (*Op. cit.*), p. 110.

ANCIEN DROIT

L'histoire de notre droit national, depuis les temps les plus reculés jusqu'à la révolution, peut facilement se diviser en trois périodes bien distinctes auxquelles correspondent autant de législations différentes et auxquelles il faut ajouter la législation des pays de droit écrit.

Nous étudierons donc successivement le droit de succession entre époux.

1° Chez les Gaulois;

2° Chez les Francs ou Gallo-Germains;

3° A l'époque féodale et coutumière;

4° Et dans les pays de droit écrit.

PREMIÈRE PARTIE

Droit des Gaulois.

A. Nous connaissons fort peu aujourd'hui le droit privé des Celtes ou Gaulois, antérieur à la conquête Romaine. Ce n'est que dans les *commentaires de César* que nous pouvons puiser quelques indications à cet égard et il résulte des renseignements qu'il nous donne que le droit privé des Celtes était en quelque sorte un droit pontifical, mystérieux et caché.

Pour nous borner à ce qui concerne le droit de succession *ab intestat* entre époux, nous ne trouvons que le texte suivant qui mérite de fixer notre attention.

« § I. *Viri, quantas pecunias ab uxoribus, dotis nomine, acceperunt, tantas ex suis bonis æstimatione factâ cum dotibus communicant.* § II. *Hujus omnis pecuniæ conjunctim ratio habetur fructusque servantur.* § III. *Uter eorum vitâ superaverit, ad eum pars utriusque cum fructibus superiorum temporum pervenit.* (1) »

« § I. La femme apportait une dot à son mari, le mari de son côté joignait à la dot une égale quantité de biens; on composait de ces deux apports une masse dont on faisait une estimation. § II. Il n'était tenu qu'un seul compte de cette masse de biens et les revenus étaient conservés. § III. A la dissolution du mariage, le survivant des époux gagnait en propriété cette masse de biens, ainsi que les fruits qu'elle avait produits. »

Ce texte manque de clarté. Ainsi, il ne nous dit point si la dot était facultative ou obligatoire; si l'estimation que l'on faisait de cette masse de biens opérait une vente en faveur du mari ou si le mari n'en avait que l'adminstration; enfin, comment étaient supportées les charges du mariage.

Nous n'insisterons point sur toutes ces questions qui n'ont pas un grand rapport avec notre sujet; nous nous bornerons à constater que le droit des Gaulois avait assuré d'une manière convenable le sort de l'époux survivant en lui attribuant un véritable

---

(1) Cæsar, de Bell. Gall. VI, 19.

droit de succession sur le patrimoine de son conjoint prédécédé.

Voilà tout ce que nous connaissons sur la succession entre époux dans le droit civil des Gaulois. Le sort des époux était-il assuré par d'autres dispositions et notamment le survivant succédait-il à son conjoint à défaut de tous parents? C'est ce que nous ne saurions dire, les documents nous faisant défaut.

B. Avec l'invasion romaine dans la Gaule, nous entrons dans la période historique; à partir de cette époque, nous avons sur le droit civil des Gaulois ou plutôt des Gallo-Romains des document authentiques que nous pouvons suivre avec confiance.

Rome victorieuse se garda bien de réduire la Gaule en servitude, elle lui laissa son organisme et sa vie intérieure. Mais la justice rendue en langue latine, l'innovation de Caracalla qui concéda le droit de citoyen romain à tous les sujets de l'empire et enfin l'introduction du christianisme furent autant de causes qui portèrent dans les Gaules l'esprit et la civilisation romaine; d'ailleurs, le droit national commença à disparaître lorsque Claude eut définitivement aboli le druidisme. Dès lors, nous devons chercher la source du droit civil dans les édits des proconsuls et des présidents de province; ces édits étaient probablement une sanction accordée aux coutumes locales que l'administration évitait de froisser. Après Constantin, on trouve la source du droit civil dans les constitutions impériales, les écrits des jurisconsultes et principalement dans le code Théodosien qui devint à la fin du v⁰ siècle la *lex romana* des Gaulois.

Toutes les dispositions du droit civil et du droit prétorien sur le droit de succession entre époux reçurent donc leur application en Gaule. Cependant le droit de succession fondé sur la *manus* ne dut pas s'y exercer fréquemment, parce que cette institution commençait à disparaître à la fin de la République. Au contraire, la succession prétorienne y reçut de nombreuses applications; quant à la quarte du conjoint pauvre, la Gaule ne dut pas jouir des avantages de cette institution, car le droit de Justinien ne pénétra dans ce pays que dans le courant du onzième ou du douzième siècle (1).

DEUXIÈME PARTIE

Droit des Gallo-Germains.

(*a*) Lors des invasions des barbares et par suite des démembrements de l'empire, la Gaule fut séparée de Rome ou plutôt de Constantinople et ne fut plus, dès lors, soumise aux lois nouvelles promulguées par les empereurs d'Orient. Sous la domination de leurs vainqueurs, les Gallo-Romains ne purent que conserver leurs lois anciennes dans le pays où ils s'étaient réfugiés, c'est-à-dire au sud, dans le royaume des Wisigoths, et à l'est, dans le royaume des Bourguignons. « La législation romaine fut alors représentée au commencement du vi⁰ siècle par des compilations faites par l'ordre des rois Barbares à l'usage des Romains de leur territoire; c'est d'un côté le *breviarium* d'Alaric (506), de l'autre, le *Papien bourguignon* (aussi du commencement du vi⁰ siècle).

(1) Boissonade (*Op. cit.*), p. 124.

Or, ces lois ne sont qu'une compilation du code Théodosien, des novelles, suite et supplément de ce code et de quelques écrits de jurisconsultes, Gaius, Paul, Ulpien et Papinien (1). »

Nous allons maintenant rechercher les dispositions de ces lois qui se réfèrent à la succession entre époux.

Nous trouvons tout d'abord dans le bréviaire d'Alaric (loi romaine des Wisigoths) la *bonorum possessio undè vir et uxor*; on y retrouve encore, avec les fragments du code Théodosien, la dot apportée par la femme au mari.

Chez les Bourguignons, le Papien applique les principes de la succession prétorienne, tout comme le bréviaire d'Alaric. On y retrouve encore la dot avec les diverses distinctions en profectice et adventice; le mari survivant gagnait toujours la dot à moins qu'elle ne fût stipulée réceptice; seulement, s'il y avait des enfants du mariage, le mari était réduit à une part d'enfant en propriété et à l'usufruit du restant.

Nous retrouvons encore chez les Bourguignons comme chez les Wisigoths la *donatio sponsalitia;* seulement, nous ferons remarquer que cette donation n'était pas du tout la *donatio propter nuptias* de Justinien.

(*b*) A côté des lois romaines, qui ne s'appliquaient qu'aux Gallo-Romains réfugiés dans le midi, nous trouvons encore en vigueur sur le sol de la Gaule les lois barbares des Germains; ces lois n'étaient autre chose que leurs anciennes coutumes nationales qu'ils firent rédiger après la conquête. Les plus intéres-

---

(1) Ginoulhiac (*Op cit.*), p. 115.

santes de ces lois sont incontestablement pour nous
les lois salique et ripuaire; ce sont nos plus vieilles
lois nationales. Rédigées sans doute à l'origine en
langue germanique, elles furent l'objet de plusieurs
rédactions nouvelles en langue latine par les fils de
Clovis; la dernière rédaction est de Charlemagne
(lex emendata, au moins pour la loi salique). A côté
de ces lois, il faut citer la loi nationale des Bur-
gondes, appelée aussi loi Gombette du nom de
Gondebaud, leur roi, quoique rédigée seulement par
ses fils (de 501 à 517), et celle des Wisigoths, rédigée
sous les règnes de Chindeswinde et Receswinde
(649 à 652).

Les textes de ces lois qui se réfèrent aux droits
successoraux entre époux sont rares et incertains.

Le plus important est emprunté à la loi des Wisigoths (lib. ix — tit. ii, § 11); il est dit dans ce texte
que le mari et la femme se succèdent mutuellement,
à défaut de parenté, au septième degré; c'est comme
on le voit, l'application des principes de la succession prétorienne *undè vir et uxor* (1).

Il n'est point question de cette succession *ab
intestat* dans les autres lois germaniques. Cependant,
nous croyons que, chez les Francs, tant Saliens que
Ripuaires, comme chez les Bourguignons, les époux
se succédaient réciproquement à défaut de parents;
ce qui nous porte à le croire, c'est que la loi des
Bavarois (lib. xiv, cap. ix, § 4), très riche en dispositions de droit privé, permettait au survivant des
époux de venir, à défaut de parents au septième
degré, à la succession du prédécédé; sinon, la succes-

---

(1) Boissonade (*Op. cit.*), p. 156.

sion passait au fisc (1); or, nous savons que les Bavarois avaient la même origine que les Francs et les Bourguignons et par conséquent les mêmes mœurs; il est dès lors permis d'en conclure que les dispositions du droit privé, surtout celles qui ont trait à la transmission des biens par décès, contenues dans les lois de ces divers peuples, étaient à peu près identiques.

Dans tout pays, on applique ordinairement des lois différentes aux habitants d'un même territoire : la loi nationale aux citoyens, leur loi propre aux étrangers. Nous venons de voir que l'époque franque présentait tout autre chose : c'était entre les sujets mêmes de l'empire franc que la diversité des lois se rencontrait; les règles de droit privé contenues dans les lois romaines faites pour les vaincus et dans les lois germaniques des vainqueurs continuaient de s'appliquer séparément à chaque race; ce n'était donc pas la portion de territoire habité par chaque sujet qui déterminait la loi qui lui était applicable, mais bien son origine. C'est ce que l'on appelle le régime de la personnalité des lois (2).

TROISIÈME PARTIE

Droit coutumier.

Lorsque, sous l'influence de la féodalité, les lois, de personnelles qu'elles étaient, devinrent territo-

(1) Boissonade *(Op. cit.)*, p. 156.
(2) Boissonade *(Op. cit.)*, p. 131.

riales, deux groupements principaux se produisirent et une profonde séparation de législation s'établit : Les peuples du Nord acceptèrent les coutumes, fruits de la fusion des diverses lois; les peuples du Midi restèrent fidèles au droit romain que leurs vainqueurs leur avaient laissé dans le papien et le bréviaire d'Alaric.

Il est impossible de préciser l'époque à laquelle s'effectua cette séparation de la France en provinces de coutumes et provinces de droit écrit; ce qui est certain, c'est qu'elle était accomplie lorsque fut composé le livre connu sous le nom de *petri exceptiones legum romanorum*, c'est-à-dire vers le milieu du xi° siècle (1).

Nous n'avons à nous occuper pour le moment que de la législation des provinces coutumières.

A. *Du droit de succession « ab intestat. »* — Les établissements et les coutumiers que l'on invoque habituellement pour connaître la législation de cette époque ont gardé un silence complet sur le droit de succession des époux. Seules, les assises de Jérusalem (cour des bourgeois, ch. 186) reconnaissent au profit de la veuve un droit de succession sur les biens de son mari; elles lui donnent la préférence sur tous les parents du défunt : « *Nuls home n'est si dreit heir au mort come est sa feme (et legitime) espouze.* » — Ce texte est des plus explicites et son isolement le préserve des contradictions habituelles (2).

Mais cette disposition a-t-elle été suivie en France dans les pays de coutumes? C'est ce que nous ne pouvous affirmer. Cependant, il est fort probable qu'elle

(1) Ginoulhiac (*Op. cit.*), p. 123.
(2) Boissonade (*Op. cit.*), p. 194.

ne fut appliquée que dans les pays occupés par les Croisés et seulement en faveur des femmes des Croisés qui suivirent leurs maris. Car Beugnot constate qu'elle était suivie en Syrie et en Morée (1). Réduite à ces simples proportions, on en comprend parfaitement la légitimité; il était juste, en effet, d'accorder des droits spéciaux aux femmes dévouées qui suivaient leurs maris en Terre-Sainte et partageaient souvent leurs périls; il était également équitable de leur assurer des moyens d'existence après la mort de leur époux dans un pays où elles se trouvaient abandonnées bien loin de la mère-patrie. Si ce droit accordé aux femmes des Croisés se trouve pleinement justifié, il n'y avait aucune raison semblable d'accorder en France un pareil droit aux veuves; puisque aucun coutumier n'en fait mention, c'est une preuve que cette règle n'était pas suivie en France.

Mais alors qu'arrivait-il lorsqu'un époux mourait sans parents habiles à lui succéder? Dans ce cas, ce ce n'était point sa veuve qui recueillait sa succession, mais bien le seigneur haut justicier. Cependant, plus tard, certaines coutumes, entre autres celles de Paris et d'Orléans, comme nous l'attestent Pothier (2) et Lebrun (3), par application de la *bonorum possessio undè vir et uxor*, permirent à l'époux survivant de venir à la succession du prémourant, mais au dernier rang et seulement par préférence au fisc. D'autres coutumes, au contraire, (cout. d'Anjou, Maine et Normandie) continuèrent de préférer le fisc au conjoint survivant.

(1) Beugnot, tome ii, p. 125.
(2) Introd. à la cout. d'Orléans, xvii, n° 35.
(3) Traité des successions, i, ch. 7.

B. *Du douaire légal des veuves.* — Le douaire légal ou douaire coutumier était ce que la loi ou la coutume accordait à la veuve survivante et non dotée pour qu'elle pût vivre décemment.

Né de la combinaison de la dot germanique «*quam non uxor marito, sed uxori maritus affert* » avec le *morgengabe* ou *pretium virginitatis,* le douaire légal n'apparaît avec sa nature distincte et des règles à lui propres qu'à la fin du VIIIe ou au commencement du IXe siècle (1).

Il consistait généralement dans l'usufruit d'une certaine portion de certains biens du mari; il portait le plus souvent sur tous les immeubles possédés par le mari au jour du mariage et sur ceux acquis par lui en ligne directe; à défaut de ces biens, le douaire ne naissait point. Toutefois, en pareils cas, la coutume d'Orléans accordait à la veuve un douaire subsidiaire sur les conquêts immeubles et même sur les meubles du mari. Le douaire était de moitié dans les coutumes de Paris et d'Orléans et du tiers dans celles de Normandie, Bretagne, Poitou, Anjou, Maine et Grand-Perche; plusieurs coutumes distinguaient en outre suivant qu'il s'agissait de biens nobles ou roturiers et de personnes nobles ou roturières; dans le premier cas, le douaire était du tiers et dans le second, de moitié.

Le douaire était de la nature et non de l'essence du mariage; aussi la femme avait le droit d'y renoncer dans son contrat de mariage.

On était d'accord pour admettre que la veuve ne pouvait cumuler son douaire légal avec le douaire

(1) Consulter sur l'origine du douaire Boissonade (*Op. cit.*), p. 143 et suivantes.

conventionnel. Mais les coutumes et les jurisconsultes
étaient profondément divisés sur le point de savoir si
la femme pouvait opter entre les deux douaires à la
dissolution du mariage; la coutume de Paris lui refu-
sait absolument ce droit. La veuve ne pouvait non
plus cumuler son douaire légal avec d'autres donations de son mari.

La majorité des coutumes accordait le douaire légal
aussi bien à la femme roturière qu'à la femme noble.
Quant à la femme serve, il est certain que dans le
principe elle n'avait pas de douaire, car les fruits et
les avantages seraient tombés dans la communauté
qui continuait entre elle et ses enfants. La femme
étrangère, non naturalisée, qui contractait un mariage
en France dans les provinces régies par le droit coutumier, soit avec un français, soit avec un étranger,
avait également droit au douaire. Il en était de même
de la femme qui avait contracté de bonne foi un
mariage putatif.

Nous devons maintenant nous demander à quel
moment le douaire était acquis à la femme. Les coutumes se divisaient à cet égard en deux catégories
bien distinctes : suivant les unes, le droit au douaire
n'était acquis à la femme qu'après la consommation
du mariage; la cohabitation charnelle proprement
dite était une condition essentielle : « Femme, disait-
on, gagne son douaire à mettre son pied au lit. »
Les coutumes de Paris et d'Orléans, au contraire, ne
s'attachaient qu'à la célébration du mariage. Bien
que la femme eût droit au douaire à partir de la
célébration ou de la consommation du mariage, on
ne saurait en conclure qu'il fût irrévocablement
acquis dès ce moment; il fallait toujours attendre la

condition suspensive et tout aléatoire de la **survie** de la veuve.

Le douaire donnait la saisine à la veuve, mais cette saisine n'avait lieu qu'au décès. Par le fait de la consommation du mariage, la femme avait bien acquis droit à la saisine, mais elle ne pouvait avoir acquis une saisine actuelle; «tant que la femme vit, disait Loysel, son douaire est égaré. » Une fois la condition de survie accomplie, il y avait une véritable rétroactivité en faveur de la femme qui lui permettait de faire tomber toutes les aliénations faites au préjudice de son douaire; la femme exerçait alors un véritable droit de suite contre les tiers acquéreurs ou les tiers détenteurs des biens aliénés.

Le douaire, étant un droit réel d'usufruit, était naturellement soumis à toutes les causes d'extinction de l'usufruit. Il y avait en outre privation du douaire. (*a*) Lorsque la femme était convaincue d'adultère; (*b*) lorsque, pendant l'année de deuil, elle vivait dans l'inconduite; (*c*) lorsque, sans cause légitime et sans la permission de son mari, elle vivait éloignée de lui au moment de son décès (cout. de Normandie); (*d*) lorsqu'elle avait renoncé à la communauté (cout. de Bourgogne); (*e*) et enfin lorsqu'elle se remariait avec un domestique (cout. de Bretagne).

QUATRIÈME PARTIE

Pays de droit écrit.

Maintenant que nous connaissons les droits de succession accordés à l'époux survivant dans les pays

de coutumes, nous allons passer aux pays méridio-
naux où s'appliquait le droit romain d'une manière
générale et que pour cette raison on appelait pays
de droit écrit.

Il serait inexact de croire que le droit romain pur
était observé dans ces contrées; bien des choses
étaient survenues qui avaient modifié l'usage de ce
droit. En première ligne, il faut citer la féodalité; en
s'étendant dans le midi, elle y avait apporté nécessairement les principaux usages coutumiers qui
s'étaient formés et développés avec elle et sous son
influence.

Quoi qu'il en soit, la législation des pays du droit
écrit reconnaissait à l'époux survivant deux droits principaux de succession sur les biens de son conjoint
prédécédé : un droit de succession *ab intestat* proprement dit, emprunté au droit prétorien, et la quarte
du conjoint pauvre, empruntée au droit impérial.
On lui reconnaissait de plus certains droits qui, s'ils
ne rentrent pas dans les droits de succession *ab
intestat*, s'en rapprochent cependant tellement qu'il
nous paraît impossible de les passer sous silence;
nous voulons parler de l'augment de dot qui est un
gain de survie de la femme et du contre-augment,
gain de survie du mari.

A. *Du droit de succession « ab intestat» proprement dit.* — A défaut de tous parents au degré
successible, le mari succédait à sa femme et la femme
à son mari, par préférence au fisc, et cela par imitation du droit créé à Rome par le préteur, c'est-à-dire
en vertu de la *bonorum possessio undè vir et uxor.*
Ce droit était admis dans toutes les provinces de droit
écrit.

Pour que ce droit pût se produire, il fallait que les deux époux fussent unis par un mariage légitime; un mariage irrégulier formait donc obstacle à la naissance de ce droit.

Dans certains cas exceptionnels, le mari et la femme n'étaient point appelés à se succéder réciproquement; il en était ainsi : (*a*) lorsque la femme était séparée de son mari ou qu'elle l'avait abandonné; (*b*) quand elle était accusée de malversation; (*c*) quand elle s'était remariée dans l'année de deuil; (*d*) et quand le mari avait tué sa femme quoiqu'il l'eût surprise en adultère (1).

On s'était demandé si la veuve d'un étranger non naturalisé pouvait succéder à son mari à l'exclusion du roi. Pour nous, la question n'était pas douteuse et c'était bien le cas d'appliquer la maxime : « *Si vinco vincentem, à fortiori te vinco.* » Puisque le roi, en vertu du droit d'aubaine, excluait même les parents de l'étranger, il devait à plus forte raison exclure la femme qui était primée elle-même par les parents.

La femme d'un bâtard ou le mari d'une bâtarde décédés sans enfants légitimes se succédaient réciproquement au préjudice des seigneurs justiciers (2).

En terminant, nous ferons remarquer que les parents étaient successibles jusqu'au septième degré. Cette règle était admise dans la plupart des pays de Droit écrit; nous ferons cependant une exception pour les provinces ressortissant au Parlement de Toulouse qui admettait à succéder tous les parents jusqu'au dixième degré.

B. *De la quarte du conjoint pauvre.* — On appe-

(1) Lebrun, I, ch. 7.
(2) Serres, inst. de Dr. français, III, 10, p. 305.

lait ainsi, dans les pays de Droit écrit, la portion que l'époux survivant, sans distinction de sexe, pouvait dans certains cas demander dans la succession de son conjoint prédécédé. Cette portion était du quart des biens du *de cujus*. Le survivant n'était qu'usufruitier de cette portion lorsque les héritiers étaient des enfants communs; il en était au contraire propriétaire lorsque le défunt avait laissé pour héritiers des parents autres que des enfants communs; s'il y avait plus de trois enfants communs, le conjoint survivant ne prenait qu'une part virile. Pour que le survivant eût droit à cette portion, il fallait qu'il fût marié sans dot et que le prédécédé eût laissé des biens considérables.

Ce droit était accordé par imitation des Novelles 53, ch. VI, et 117 de Justinien dont Irnerius avait composé l'authentique *Prœtereà C. Undè vir et uxor.* Pendant longtemps cette authentique fut appliquée sans difficulté dans les Parlements du Midi. Plus tard cependant, il y eut résistance à l'application de ce droit de succession; si l'on peut citer un arrêt du Parlement de Toulouse du 14 septembre 1581 confirmant l'authentique *Prœtereà*, on trouverait de nombreux arrêts contraires rendus par les Parlements de Bordeaux, Aix, Grenoble, et même de Toulouse. Un fait curieux, c'est qu'une célèbre décision rendue par le Parlement d'Aix (affaire Raillon) est invoquée dans les deux sens par Boucher d'Argis et par Merlin (1); d'après Boucher d'Argis, la veuve aurait triomphé et obtenu le quart de la succession; d'après Merlin, elle aurait définitivement perdu. La version de Merlin est seule exacte; car la décision,

(1) Répertoire, v. quarte du conjoint pauvre.

rendue en 1732 et que Boucher d'Argis cite comme dernier arrêt, fut rescindée en 1737 en vertu d'une requête civile. Quoi qu'il en soit, si nous ajoutons foi au traité de Lebrun sur les successions (1), il faut admettre que, surtout dans le dernier état du droit, on faisait de la question une affaire d'appréciation et on penchait généralement pour n'accorder au survivant qu'un usufruit ou une pension viagère.

L'authentique *Prœtereà* avait donné lieu à d'importantes questions qu'il nous paraît intéressant d'examiner.

On s'était tout d'abord demandé ce que l'on devait entendre par conjoint pauvre. Justinien semble avoir pris cette expression dans son acception rigoureuse et avoir fait de l'extrême pauvreté une condition sans laquelle le survivant n'avait point de quarte à prétendre. Ce système n'était pas suivi dans les pays de droit écrit et la majorité des interprètes étaient d'avis que, lorsque la loi parlait d'une femme pauvre et qui n'avait point eu de dot, elle entendait également parler de celle qui n'avait eu qu'une très petite dot.

La femme mariée sans dot, mais qui avait un père riche, avait-elle le droit de demander la quarte? Evidemment non; car elle pouvait intenter une action contre son père à l'effet d'exiger une dot; elle n'avait donc pas le droit d'invoquer sa pauvreté pour se faire attribuer la quarte.

Enfin, l'époux qui avait droit à la quarte était-il tenu de contribuer aux dettes de la succession? L'affirmative n'est point douteuse. Puisque la loi attribuait à l'époux survivant le quart des biens héré-

(1) Livre I, ch. 7,

ditaires, il fallait nécessairement, pour trouver cette part, déduire les dettes qui diminuaient l'actif de la succession et cela en vertu de la maxime : « *Bona non intelliguntur nisi deducto œre alieno.* » D'ailleurs, l'époux n'avait droit qu'à une part virile lorsqu'il y avait plus de trois enfants communs; or, les enfants étaient tenus de payer les dettes héréditaires; il était donc juste d'imposer la même obligation à l'époux survivant, sinon il n'aurait point été vrai de dire que sa part était égale à celle des enfants (1).

C. *De l'augment légal de dot.* — L'augment légal de dot ou augment coutumier était un gain de survie attribué à la veuve sur les biens de son mari prédécédé.

On a longuement disserté sur son origine; certains auteurs ont soutenu qu'il était connu des Romains; d'autres ont cru devoir le faire remonter à l'*Hypobolon*, institution analogue connue chez les Grecs du moyen-âge; sans aller aussi loin, nous pensons qu'on doit rattacher son origine à l'ancienne *donatio sponsalitia* et à la *donatio propter nuptias* de Justinien; on dut prendre à chacune de ces institutions ce que l'on crut préférable et de leur union naquit l'augment de dot; ce qui corrobore notre opinion, c'est que ce gain de survie était connu à Bordeaux sous le nom de donation pour noces, et à Toulouse, sous celui de *ajentiamentum sivè donatio propter nuptias* (2).

Il y avait grande divergence entre les coutumes sur la quotité de l'augment. Dans la province du Lyonnais, l'augment se réglait suivant la nature et

(1) Merlin. Répertoire vº quarte du conjoint pauvre.
(2) Boissonade (*Op. cit.*), p. 281.

la force de la dot; quand elle consistait en argent, il était de la moitié de la dot; si elle consistait en immeubles, il était du tiers; il était également du tiers lorsque la dot consistait en effets mobiliers. A Toulouse, l'augment était toujours de la moitié de tous les biens. A Bordeaux, au contraire, l'augment, au lieu d'être une fraction de la dot, en était un multiple; il était du double de la dot, mais seulement pour le premier mariage de la femme; car pour la veuve il n'était plus que du tiers.

L'augment n'était pas une partie de la succession future du mari, comme cela avait lieu pour le douaire; c'était une simple créance payable au décès.

Il consistait en une pleine propriété lorsqu'il n'y avait pas d'enfants issus du mariage. S'il y avait des enfants issus du mariage, la femme n'avait que l'usufruit de l'augment; mais alors elle avait en propriété une part d'enfant ou portion virile, dont elle pouvait disposer librement pendant sa vie, et qui, à sa mort, devait retourner aux enfants du mariage, à l'exclusion de ceux qui auraient pu naître d'une autre union.

Nous avons dit que l'augment de dot était une simple créance; il en résultait qu'il était soumis à toutes les causes d'extinction des créances. Il y avait en outre privation de l'augment: (*a*) pour la femme adultère; (*b*) pour celle qui vivait dans l'inconduite après le veuvage; (*c*) et enfin pour celle qui se remariait lorsqu'il existait des enfants du premier lit.

D. *Du contre-augment légal de dot.* — Le contre-augment de dot était le gain de survie du mari; c'était en quelque sorte la contre-partie du droit de la femme; aussi le mari ne pouvait pas avoir de contre-augment dans les pays qui n'accordaient pas d'augment à la femme.

Le contre-augment consistait généralement dans l'acquisition par le mari survivant de la dot tout entière; cependant il n'en devenait propriétaire incommutable que s'il n'y avait pas des enfants communs; dans le cas contraire, il n'en avait que l'usufruit; dans cette dernière hypothèse, il avait de plus droit à une portion virile dont il pouvait disposer librement et qui devait retourner à sa mort aux enfants du mariage dissous.

DROIT INTERMÉDIAIRE

La Révolution de 1789, en abolissant les institutions politiques de l'ancien régime, ne pouvait évidemment laisser subsister nos vieilles institutions juridiques; en effet, plusieurs parties du droit et principalement celles relatives aux successions se rattachaient trop intimement aux intérêts sociaux pour ne pas ressentir le contre-coup des nouvelles réformes. Il était d'ailleurs nécessaire de se débarrasser de toutes les coutumes locales et d'établir une législation unique applicable à tous les Français.

L'Assemblée constituante avait promis à la France un code de lois civiles uniformes; mais, absorbée par la nécessité de mettre en œuvre et de créer les droits politiques, elle ne put réaliser sa promesse.

Ce fut donc la Convention qui commença la réforme du droit privé. Voulant au plus tôt faire table rase du passé, elle fit des lois qui, dans sa pensée, ne devaient être que transitoires; telle fut, pour les successions, la loi du 17 nivôse an II qui resta en vigueur jusqu'à la promulgation du code civil. Cette loi renfermait assurément d'excellentes dispositions, mais en bien des points elle dépassa les justes mesures. Nous allons examiner cette loi au point de vue spécial qui nous occupe.

Cette loi ne se prononce pas sur le droit de succession *ab intestat* entre époux; cependant, il n'est pas à croire qu'elle entendît leur préférer le fisc et tout le monde est d'accord pour admettre que, dans le droit intermédiaire, le conjoint survivant primait le fisc. A cet effet, on tire argument du premier projet de Cambacérès de 1793 (livre ii, titre iii, art. 76), projet dont s'inspirèrent principalement les rédacteurs de la loi de nivôse (1).

Quant aux autres droits successoraux ou gains légaux de survie admis, soit dans les pays de coutumes, soit dans les pays de droit écrit et notamment le douaire, la quarte du conjoint pauvre, l'augment et le contre-augment de dot, ils ne furent plus reconnus. La loi de nivôse ne les abolit pas, il est vrai, d'une manière expresse : mais leur abolition ne saurait faire de doute en présence de la loi interprétaire du 9 fructidor an II; car cette loi, rendue pour la solution de questions qu'avait posées l'autorité judiciaire sur la loi de nivôse, répondit que notamment le douaire et l'augment de dot n'étaient plus reconnus.

(1). Boissonnade (op. cit.) p. 327.

LÉGISLATION FRANÇAISE ACTUELLE

Cette partie de notre travail sera divisée en trois chapitres :

Dans le premier, nous étudierons le droit de successeurs *ab intestat* proprement dit, tel qu'il est réglementé par les art. 767 et suivants du code civil ;

Dans le second et dans le troisième, nous donnenerons un aperçu succinct des droits successoraux créés au profit de l'époux survivant par les lois des 14 juillet 1866 sur la propriété littéraire et 25 mars 1873 sur la condition des déportés à la Nouvelle-Calédonie.

CHAPITRE PREMIER

Du droit de succession « ab intestat » proprement dit.

Un seul article du Code civil a été consacré à déterminer les droits du conjoint survivant ; c'est l'art. 767 qui est ainsi conçu.

« Lorsque le défunt ne laisse ni parents au degré successible, ni enfants naturels, les biens de sa succession appartiennent au conjoint (non divorcé) qui lui survit. »

Quoique sobre de développements, ce texte va nous permettre de déterminer :

1° Quelle est la cause de la vocation de l'époux ;

2° Quel rang lui a été assigné ;

5° Et dans quel ordre de successeurs il a été rangé. Chacune de ces sections, fera l'objet d'une section spéciale.

4° Enfin dans une quatrième section nous traiterons des obligations imposées au conjoint survivant ou de l'envoi en possession, dont les règles se trouvent tracées dans les art. 769 à 772 du Code civil.

SECTION PREMIÈRE

DE LA CAUSE DE LA VOCATION DE L'ÉPOUX.

La cause de la vocation de l'époux est le mariage ; il en résulte que le droit de succession qui nous occupe en ce moment n'appartient qu'à celui qui, le jour du décès du *de cujus*, a le titre d'époux.

Il va sans dire que ce droit de succession n'existait pas entre époux divorcés ; l'art. 767 est formel sur ce point.

Que faut-il décider dans le cas de mariage putatif ? Dans l'opinion générale, on fait une distinction : le mariage n'a-t-il été annulé qu'après le décès du prémourant ; comme le mariage putatif produit à l'égard des époux tous les effets civils d'un véritable mariage tant qu'il n'a pas été déclaré nul, il est évident que l'époux survivant a le droit, dans cette hypothèse, de succéder à son conjoint précédé. La nullité du mariage a-t-elle été prononcée au contraire avant le décès du *de cujus* ; le survivant ne succède pas dans ce cas parce qu'au moment du décès de son conjoint il n'avait plus la qualité d'époux. Nous avons raisonné en supposant un mariage putatif contracté de bonne foi; mais qu'arrive-t-il lorsqu'au moment de la célébration du mariage un des époux a été de mauvaise foi ? On applique alors la disposition de l'art. 202 du code civil et on refuse à cet époux tout droit à la succession de son conjoint (1).

On s'est demandé si la séparation du corps n'était pas un obstacle à ce droit de succession. Nous avons vû que l'art. 767 n'exclut que le conjoint divorcé; il en résulte que l'époux séparé de corps succède quand même il serait l'époux coupable. Mais, nous dira-t-on, le droit de successibilité réciproque entre époux repose sur la loi des affections présumées; or, peut-on supposer cette présomption entre époux séparés de corps ? Ces considérations ont assurément leur valeur ; mais en l'absence d'un texte formel, il nous est impossible d'admettre une pareille solution qui d'ailleurs se trouve en opposition avec ce qui passa au Conseil d'Etat lors de la discussion de l'art. 767 : en effet Locré (2) nous dit qu'à la suite d'une discussion entre Maleville, Tronchet, Berlier et Treilhard il avait été décidé que le conjoint séparé de corps ne succèderait pas, sans distinction entre le coupable et l'innocent; l'article fut même renvoyé à la section pour être modifié sur ce point; mais il en revint avec la seule mention du divorce. La rédac-

(1) Cours de droit civil français par Aubry et Rau (4ᵉ édition 1873), t. vi, p. 337 — Principes de droit civil par Laurent (1873), t. ix, p. 187.
(2). Tome 5, p. 58 et suiv.

tion définitive ne portant aucune trace de cette correction, nous sommes donc obligé d'admettre que l'époux séparé de corps succède dans tous les cas (1).

SECTION DEUXIÈME

DU RANG ASSIGNÉ A L'ÉPOUX.

Nous avons reproduit au début de ce chapitre le texte de l'art. 767 qui dit que l'époux survivant ne succède que « lorsque le défunt ne laisse ni parents au degré successible ni enfants naturels. » Tout le monde admet que cette disposition est, sinon inexacte, du moins incomplète; elle suppose que le *de cujus* était un enfant légitime; dans ce cas il est vrai de dire que l'époux succède si le défunt ne laisse ni enfants légitimes ni parents naturels. Mais il en est différemment lorsque le prédécédé est lui-même un enfant naturel; dans ce cas son conjoint se trouve primé par tous les parents naturels du défunt, non-seulement par ses enfants naturels, mais encore par son père et sa mère naturels, par ses frères et sœurs naturels; cela résulte des art. 766 et 768. Il est vrai, Bigot-Préameneu soutint au Conseil d'Etat que, si l'enfant naturel ne laissait pas de descendants, sa femme devrait venir au premier rang et son opinion ne fut contredite par personne; mais cet avis n'a point prévalu; cela résulte à l'évidence des art. 766-768 (2).

(1). Laurent, IX, p. 186 — Aubry et Rau, VI, p. 337.

(2) Marcadé (5ᵉ édition), III, p. 134 — Laurent, IX, p. 186 — Ducaurroy Bonnier et Roustain, II, p. 369.

On peut donc dire d'une manière générale que le conjoint survivant ne vient jamais qu'immédiatement
avant l'Etat, c'est-à-dire à l'avant-dernier rang des
successibles.

Cependant il est un cas où la situation du survivant se trouve un peu plus privilégiée; ce cas est celui
de l'art. 337; en vertu de cet article, la présence d'un
enfant naturel, reconnu pendant le mariage par l'un
des époux, ne saurait faire perdre à l'autre époux qui
lui survit son droit à la succession. Il est bien entendu qu'il s'agit dans cette hypothèse d'un enfant
naturel que l'époux aurait eu avant son mariage; car
autrement l'enfant aurait été adultérin et nous savons
qu'un enfant adultérin ne peut être reconnu (1).

SECTION TROISIÈME

DANS QUEL ORDRE DE SUCCESSEURS LE CONJOINT A ÉTÉ PLACÉ.

Notre Code civil distingue deux grandes classes de
successeurs : les héritiers légitimes et les successeurs
irréguliers; les premiers ont des droits et des obligations qui n'appartiennent pas aux seconds; il importe
donc de distinguer si l'époux survivant a été rangé
dans la première ou la seconde catégorie de ces successeurs.

Nous croyons qu'il ne saurait y avoir de doute sur
cette question; car les textes relatifs au droit de succession du conjoint sont tous placés dans un chapitre
du Code civil intitulé : « Des Successions irréguliè-

(1). **Marcadé** (5ᵉ édition), III, p. 195.

res. » Il est donc évident que le conjoint survivant est un successeur irrégulier.

D'ailleurs, lors même que la place occupée par ces textes ne fournirait aucune indication, l'art. **723** résoudrait à lui seul la question; voici en effet comment est conçu cet article : « La loi règle l'ordre de succéder entre les héritiers légitimes; à leur défaut, les biens passent aux enfants naturels, ensuite à l'époux survivant..... » Il ressort de cet article que la loi établit une dictinction entre les héritiers légitimes et ceux auxquels « les biens passent; » l'époux étant rangé parmi ceux auxquels « les biens passent, » il en résulte que ce n'est pas un héritier légitime; ce ne peut donc être qu'un successeur irrégulier (1).

Pour connaître les droits et les obligations de l'époux survivant, il nous faut examiner les ressemblances et les différences qui existent entre les héritiers légitimes et les successeurs irréguliers.

(*a*) Les héritiers légitimes acquièrent de plein droit la propriété de l'hérédité *à die mortis.* A partir de ce jour, le droit héréditaire fait partie de leur patrimoine; il en résulte les conséquences suivantes : 1° Ils transmettent à leurs propres héritiers le droit héréditaire, lors même qu'ils viennent à mourir sans l'avoir exercé; 2° par application du principe : le propriétaire a droit aux fruits produits par la chose qui lui appartient, ils gagnent les fruits en leur qualité de propriétaires (2).

Sur ces divers points il n'y a aucune différence

(1) Laurent, ix, p. 122.
(2) Laurent, ix, p. 801 — Contrà. Cassation du 22 mars 1841 (Dalloz au mot succession, n° 79, 2°) et Bordeaux, 27 juillet 1854 (Dalloz, 1855, 2, 187).

entre les héritiers légitimes et les successeurs irréguliers (1).

(b) Les héritiers légitimes représentent la personne
du défunt et par suite ils sont tenus des dettes héréditaires *ultra vires successionis*.

Au contraire, les successeurs irréguliers ne représentent pas la personne du défunt; ils ne sont donc
point tenus des dettes *ultra vires,* au moins dans
l'opinion généralement admise (2).

(c) Les héritiers légitimes acquièrent de plein droit
la possession de l'hérédité; ils en sont saisis de plein
droit en vertu de la loi; ils ont, comme on dit, la
saisine.

Au contraire, les successeurs irréguliers n'acquièrent pas de plein droit la possession de l'hérédité;
ils sont tenus de se faire envoyer en possession par la
justice; en d'autres termes ils n'ont pas la saisine (3).

Nous venons de prononcer le nom de saisine; que
doit-on entendre par cette expression?

Le code ne se sert pas de cette expression; mais
il la définit implicitement dans l'art. 724 qui nous
dit que : « Les héritiers sont saisis de plein droit des
droits et actions du défunt » et que les successeurs
irréguliers « doivent se faire envoyer en possession
par justice. » Il ressort donc de cet article que la saisine n'est autre chose que la transmission de la possession. Tel était, d'ailleurs, le sens de notre vieille
maxime : « Le mort saisit le vif, son hoir le plus
proche et habile à lui succéder, » dont l'idée est

---

(1) Laurent, IX, p. 263, et Paris, 26 mars 1835, (Sirey, 35, 2, 282).
(2) Aubry et Rau, IV, p. 696.
(3) Laurent, IX, p. 290, et Aubry et Rau, IV, p. 697.

reproduite dans notre art. 724 par ces mots : « Les héritiers légitimes sont saisis de plein droit...; » seulement tandis que, dans notre ancien droit c'était le défunt qui transférait la possession, dans le système du code civil, c'est la loi; voilà toute la différence (1).

La saisine peut donc être définie : l'investiture légale de la possession civile de l'héridité et des droits particuliers qui en dépendent.

Il en résulte que la saisine ne peut avoir d'autres effets que ceux attachés à la possession.

Par conséquent :

(a) L'héritier saisi a le droit de prendre possession des biens héréditaires sans être tenu de remplir des formalités préalables. Celui qui possède administre nécessairement; donc l'héritier saisi administre les biens héréditaires; comme administrateur, il a le droit d'exercer toutes les actions possessoires. Puisque l'héritier saisi possède et que d'ailleurs il succède à la personne du défunt, il va sans dire qu'il continue et achève l'usucapion commencée par le défunt (2).

(b) L'héritier saisi a les actions du défunt; cela est bien une conséquence de la saisine; car pour exercer une action, il faut être possesseur; l'art. 724 est formel sur ce point; en effet, cet article comprend expressément les actions parmi les choses dont la possession passe de plein droit à l'héritier (3).

(c) L'héritier saisi peut être actionné par les créanciers du défunt, même avant son acceptation; car il est propriétaire et possesseur (3).

---

(1) Laurent, ix, p. 273.
(2) Laurent, ix, p. 274.
(3) Laurent, ix, p. 275.
(4) Laurent, ix, p. 275.

Puisque telles sont les conséquences de la saisine
et puisque l'époux survivant, qui est un successeur
irrégulier, n'a point de saisine, il faut en conclure
que sa situation est toute différente de celle d'un héritier légitime; par conséquent :

(*a*) Il ne peut prendre possession des biens héréditaires avant le jugement qui l'envoie en possession (1).

Certains auteurs distinguent; d'après eux les successeurs irréguliers peuvent prendre possession de
l'hérédité de leur autorité privée à l'égard des autres
prétendants de l'hérédité; ils n'ont besoin de l'envoi
en possession qu'à l'égard des tiers. Nous ne saurions admettre une semblable opinion; car, pensons-
nous, il n'est point permis à l'interprète de faire des
distinctions, là où la loi ne distingue pas. Que dit en
effet l'art. 724? Les héritiers sont saisis; les successeurs irréguliers ne le sont pas. Comme tout le monde
admet que les héritiers sont saisis à l'égard de tous,
il faut admettre que les successeurs irréguliers ne le
sont ni à l'égard des uns ni à l'égard des autres. D'ailleurs dans l'intérêt de qui la loi refuse-t-elle la saisine aux successeurs irréguliers? N'est-ce pas dans
l'intérêt des héritiers légitimes? C'est donc surtout à
leur égard qu'il faut maintenir le principe qui n'accorde la possession au successeur irrégulier qu'en
vertu du jugement d'envoi.

Puisque le conjoint survivant ne peut prendre possession des biens de la succession avant le jugement
d'envoi, il en résulte qu'il n'a ni le droit ni la charge
d'administrer. Est-ce à dire que les biens resteront à

<hr />

(1) Demolombe, XIII, p. 219, et Laurent, IX, p. 297.

l'abandon? Nullement. D'abord le conjoint pourra faire apposer les scellés; ensuite, s'il y a des actes urgents d'administration à faire, il s'adressera au tribunal qui nommera un administrateur.

Le conjoint n'a pas non plus les actions possessoires. Il faut en dire de même de l'usucapion; le conjoint, ne succédant pas à la personne du défunt, ne continue pas la possession du défunt.

(*b*) Il ne peut exercer aucune des actions qui dépendent de l'hérédité ni en poursuivre les débiteurs ou détenteurs (1).

(*c*) Comme les actions passives suivent toujours les actions actives de l'hérédité, il faut en conclure qu'il ne peut pas être poursuivi par les créanciers héréditaires ou autres intéressés (2).

Nous venons de donner un aperçu des différences qui existent entre un héritier légitime et le conjoint survivant qui est un successeur irrégulier; examinons maintenant pourquoi ce dernier n'a point les mêmes droits et les mêmes obligations qu'un héritier légitime, ou plutôt pourquoi il n'a point la saisine.

La réponse à cette question se trouve tout naturellement dans les motifs qui ont fait accorder la saisine aux héritiers légitimes. La loi ayant voulu accorder un certain délai aux divers successibles afin de leur permettre de prendre avec discernement un parti sur l'acceptation ou la répudiation, il était nécessaire d'administrer l'hérédité pendant ce délai; or, était-il possible de trouver de meilleurs administrateurs que ceux auxquels les biens devaient appartenir, si les choses avaient suivi leurs cours normal? La

(1) Aubry et Rau, VI, p. 697.
(2) Laurent, IX, p. 300 — Coutrà Aubry et Rau (1873), VI, p. 697.

situation de l'époux survivant est au contraire bien différente; il est vrai, comme les héritiers légitimes, il est appelé en vertu de la loi; mais que d'incertitudes il existe en réalité sur sa vocation? Lorsqu'il réclame une hérédité, on n'est jamais sûr qu'elle lui appartienne, car il peut toujours se présenter des successeurs qui lui soient préférables; si donc on lui avait donné la saisine, on aurait abandonné l'administration des biens héréditaires à une personne qui, étant exposée à être évincée, n'est point intéressée à bien les administrer.

C'est, croyons-nous, pour ces raisons que la saisine n'a point été accordée à l'époux survivant (1).

SECTION QUATRIÈME

DES OBLIGATIONS IMPOSÉES AU CONJOINT SURVIVANT OU DE L'ENVOI EN POSSESSION

Nous avons vu que le conjoint survivant avait la propriété de l'hérédité sans en avoir la possession; il est évident que la situation d'un successeur, propriétaire sans être possesseur, ne pouvait se prolonger sans de grands inconvénients pour la bonne gestion des biens héréditaires; c'est pourquoi le législateur devait organiser un ensemble de formalités destinées à régulariser cette situation. Ce sont ces formalités qui constituent l'envoi en possession.

(1) Laurent, IX, p. 291.

§ 1er. — *Des formalités de l'envoi en possession.*

Les formalités constitutives de l'envoi en possession se trouvent tracées dans les art. 769 à 772 du code civil.

A. Aux termes de l'art. 769, le conjoint survivant, qui demande à être envoyé en possession des biens héréditaires, est tenu « de faire apposer les scellés et de faire faire inventaire (1). »

Cette double formalité a pour objet d'empêcher le détournement des objets mobiliers et de constater les sommes et valeurs que le survivant serait obligé de restituer aux successeurs préférables qui viendraient plus tard à se présenter; il en résulte que c'est une formalité essentielle; c'est pourquoi l'envoi en possession ne pourrait être prononcé sans son accomplissement (2).

Les formes usités pour l'apposition des scellés et la confection de l'inventaire sont les mêmes que celles déterminées pour l'acceptation des successions sous bénéfice d'inventaire.

A considérer l'ordre des articles, il semble que cette formalité soit la première de celles qui doivent être accomplies par le conjoint survivant; cependant comme la loi ne prescrit point cette exigence d'une manière expresse, il faut bien se garder de la suppléer.

B. Aux termes de l'art. 770, l'envoi en possession doit être demandé « au tribunal de première ins-

---

(1) Demolombe, xiv, p. 333.
(2) Demolombe, xiv, p. 300. — Laurent, ix, p. 310. — Contrà Aubry et Rau, vi, p. 698.

» tance dans le ressort duquel la succession est ou-
» verte. »

La demande d'envoi en possession doit se faire
par requête; aucun texte ne le dit expressément;
seulement la pratique, tirant argument d'analogie des
art. 859 et 860 du code de procédure, est constante
sur ce point.

On admet généralement que cette demande doit
être formée contre le ministère public. Cependant
Toullier (1) a soutenu qu'elle ne pouvait être formée
que contre un curateur dont la nomination était une
des conditions préalables de l'envoi en possession.
Cette opinion nous paraît erronée, car il n'y a lieu de
nommer un curateur que lorsque la succession est
vacante; or une succession n'est vacante que lorsqu'il ne se présente personne pour réclamer la succession, qu'il n'y a pas d'héritiers connus ou que
les héritiers connus y ont renoncé. Or, ici, aucune
de ces trois conditions ne se réalise; bien au contraire,
il y a un héritier qui se présente pour recueillir la succession et cet héritier est l'époux survivant (2).

Le conjoint doit fournir, suivant le droit commun,
les preuves établissant le fondement de sa prétention.

Tout d'abord il doit justifier de sa qualité d'époux;
cela lui sera très facile; il n'aura qu'à produire son
acte de mariage.

En second lieu, il est tenu de produire un acte de
notoriété certifiant qu'au jour de la demande aucun
successeur préférable ne s'est présenté pour recueillir

---

(1) Tome II, 2, p. 190.
(2) Paris, 26 mars 1835 (Sirey, 35, 2, 282)—Aubry et Rau, VII, p. 700.

la succession. Toullier (1) a prétendu que l'époux devait non-seulement prouver qu'aucun successeur préférable ne s'est présenté, mais encore qu'il n'existe aucun successeur préférable pour recueillir la succession; car, ajoute-t-il, la vocation de l'époux étant subordonnée à l'inexistence de tous ces successeurs, il est bien juste que l'époux qui est demandeur prouve cette inexistence. Cette opinion nous paraît peu rationnelle, car nous avons vu que le but des formalités constitutives de l'envoi en possession est de sauvegarder les intérêts des successeurs préférables qui pourraient plus tard se présenter; si donc l'époux était tenu de prouver qu'il n'existe pas de successeurs préférables, ces formalités n'auraient aucun sens. L'époux doit donc simplement prouver qu'au jour de la demande aucun successeur préférable ne s'est présenté, ou, s'il y en a, qu'ils ont renoncé à la succession (2).

Si cette preuve n'est pas faite, la demande d'envoi en possession doit être rejetée *de plano*.

Elle doit être également rejetée lorsque la notoriété publique a révélé au tribunal l'existence de successeurs préférables, bien que l'époux ait prouvé que personne ne s'est présenté pour recueillir la succession.

Cette solution a été l'objet de nombreuses critiques. Dans un premier système, on a soutenu qu'un successeur préférable qui ne se présente pas doit être considéré comme inexistant; par conséquent, sa présence ne peut pas faire obstacle à l'obtention de

(1) Tome II, 2, p. 194.
(2) Paris, 31 août 1822 (Sirey, 23, 2, 100) — Demolombe, XIV. p. 283 — Aubry et Rau, VI, p. 702 — Laurent, IX, 307.

l'envoi en possession (1). Dans un second système, on fait une distinction entre les héritiers légitimes et les successeurs irréguliers; les premiers, dit-on, ont la saisine, ils n'ont donc pas besoin de se présenter pour réclamer la succession; les seconds, au contraire, n'ayant pas la saisine, leur inaction permettrait à l'époux d'obtenir l'envoi (2). Nous croyons, au contraire, avec M. Laurent (3), que l'existence, soit d'un héritier légitime, soit d'un successeur irrégulier, constitue un empêchement à l'obtention de l'envoi en possession; en effet, aucun texte ne donne une action au conjoint pour forcer les héritiers légitimes de se prononcer sur l'acceptation ou la renonciation de la succession; si c'est au contraire un successeur irrégulier, par exemple un enfant naturel, il ne faut pas oublier qu'il a la propriété des biens héréditaires quoique n'ayant pas la saisine; cela suffit, croyons-nous, pour que la demande de l'époux ne puisse pas être accueillie.

Lorsque l'époux a administré ces diverses preuves, le tribunal décide alors qu'il y a lieu de donner suite à la demande d'envoi en possession et l'instance continue; comme l'instance peut durer longtemps, il y a lieu de nommer un administrateur des biens héréditaires; l'époux est presque toujours nommé administrateur. Le tribunal ne peut rendre ces diverses décisions qu'après avoir entendu le ministère public; l'art. 770 est formel sur ce point.

C'est alors que le tribunal rend un jugement préparatoire par lequel il ordonne que la demande d'envoi

(1) Aubry et Rau, vi, p. 701.
(2) Demolombe, xiv, p. 292.
(3) Tome ix, p. 309.

en possession soit rendue publique par trois annonces et trois affiches ou placards; ces annonces et affiches doivent contenir le décès du *de cujus* et la demande qui est formée par l'époux.

La loi dit que ces publications et affiches doivent se faire « dans les formes usitées; » mais ces « formes usitées » ne se trouvent déterminées nulle part; de là, une vive controverse. Dans un premier système, on soutient que l'on doit se conformer à une circulaire du ministre de la justice du 8 juillet 1806 qui trace en ces termes les formes à suivre, lorsque c'est l'Etat qui forme la demande d'envoi : « Le premier acte du tribunal sur la demande d'envoi sera inséré dans le *Moniteur;* les trois affiches qui doivent précéder le jugement d'envoi en possession seront apposées dans le ressort du tribunal de l'ouverture de la succession de trois mois en trois mois; le jugement d'envoi en possession ne sera prononcé qu'un an après la demande. » Dans un second système, on prétend qu'on doit suivre la forme des publications prescrites par le code de procédure pour la vente des biens immeubles. Il nous est impossible de nous rallier à aucun de ces deux systèmes; car le premier se réfute facilement en disant qu'une circulaire ministérielle n'est pas obligatoire pour les tribunaux; d'ailleurs, une autre circulaire du 9 septembre 1856 a décidé que, seuls, les jugements relatifs aux successions en déshérence dévolues à l'Etat étaient assujettis à la circulaire de 1806. Quant au second système, nous ferons remarquer qu'il n'existe aucune ressemblance entre une demande d'envoi en possession et une vente de biens immeubles; les formes de publicité ne sauraient donc être identiques dans les deux cas en l'absence d'un texte formel. Nous croyons donc que le législateur, en se servant de l'expression : « dans les formes usitées » a eu l'intention d'abandonner tous ces détails à la sagesse du tribunal qui pourra, suivant les cas qui se présenteront, ordonner telles mesures que les circonstances lui paraîtront exiger (1).

Lorsque toutes ces formalités ont été bien et dûment accomplies et sur la production d'un nouvel acte de notoriété constatant que, depuis ce jugement, il ne s'est présenté, pour réclamer l'hérédité, aucun héritier ou successeur irrégulier d'un rang préférable à celui du demandeur, le tribunal statue définitivement sur la demande d'envoi en possession après avoir entendu le ministère public.

C. Enfin, aux termes de l'art. 774, « l'époux survivant est encore tenu de faire emploi du mobilier ou de donner caution suffisante pour en assurer la restitution au cas où il se présenterait des héritiers du défunt dans l'intervalle de trois ans. »

Ainsi donc l'époux a ou le droit de conserver le mobilier en donnant caution ou bien celui de le vendre en faisant emploi du prix en provenant.

1° L'époux doit fournir caution.

Cette caution, étant une caution légale, est assujettie aux dispositions des art. 2040-2047 du code civil; de plus, elle doit être reçue contradictoirement avec le ministère public.

Son but est « d'assurer la restitution du mobilier » nous dit l'art. 774; Il en résulte qu'elle ne garantit point la restitution des immeubles.

---

(1) Demolombe, xiv, p. 284. — Aubry et Bau, vi, p. 700. — Demante, iii, n° 89 bis, iv. — Laurent, ix, p. 311.

Cette caution n'est exigée, nous dit encore l'art. 771, que « pour assurer la restitution du mobilier au cas où il se présenterait des héritiers du défunt. » Ces expressions ont donné naissance à quelques difficultés : ainsi, on s'est demandé si la caution serait obligée, par exemple, envers un enfant naturel qui se présenterait plus tard pour réclamer la succession du *de cujus*. Dans un premier système, on prend à la lettre le texte de l'art. 771 et on en conclut qu'un enfant naturel, qui est successeur irrégulier, n'a pas le droit de se prévaloir du cautionnement. Dans un second système, qui nous paraît plus rationnel, on tire argument de ce que le mot « héritiers, » dont se sert l'art. 771, est souvent employé par le législateur pour désigner tous les successeurs quelconques; donc, la caution est prescrite aussi bien dans l'intérêt des héritiers légitimes que dans l'intérêt des successeurs irréguliers (1). Nous croyons même que la caution est prescrite dans l'intérêt d'un légataire, soit à titre universel, soit à titre particulier.

Aux termes de l'art. 771, la caution n'est exigée que pendant trois ans. A s'en tenir au texte de cet article, il semble que les successeurs préférables n'ont droit à la restitution du mobilier que s'ils se présentent dans les trois ans; cela est une erreur; les successeurs préférables ont trente ans pour réclamer les meubles comme les immeubles; seulement, ils subissent, s'ils ne se présentent qu'après les trois ans, les risques de l'insolvabilité du conjoint envoyé en possession (2).

La loi a limité à trois ans la durée de l'obligation

(1) Aubry et Rau, VI, p. 699.
(2) Aubry et Rau, VI, p. 699.

de la caution parce que tout fait présumer qu'il n'y a point de successeurs préférables, s'ils ne sont pas venus réclamer l'hérédité dans ce délai.

On a prétendu que ce délai de trois ans ne commençait à courir qu'à partir de la soumission de la caution; nous croyons, au contraire, qu'il commence à courir à partir de l'envoi en possession; car la probabilité sur laquelle la loi se fonde pour limiter la durée du cautionnement commence avec l'envoi en possession (1).

Après le délai de trois ans, la caution est déchargée de plein droit et sans jugement.

2° L'époux doit faire emploi du prix provenant de la vente du mobilier.

Il doit prendre ce parti toutes les fois qu'il veut disposer du mobilier ou qu'il ne trouve pas de caution.

C'est au tribunal à déterminer le mode d'emploi; lorsqu'il n'a rien été ordonné à cet égard, on admet d'une manière générale que l'emploi devra se faire en placements hypothécaires, acquisitions d'immeubles ou en rentes sur l'Etat. L'acte d'emploi devra mentionner l'origine des deniers et la qualité d'époux de celui qui a été envoyé en possession.

Lorsque le mobilier est un mobilier corporel, il est nécessaire de le convertir en argent par la vente: Pour cela on admet généralement que l'on doit observer les formes prescrites par l'article 805 du code civil pour la vente des meubles faite par l'héritier bénéficiaire.

_____

(1) Laurent, IX, p. 311.

§ II. — *Des effets de l'envoi en possession.*

Nous avons vu que le conjoint est propriétaire des biens héréditaires sans en être possesseur et que l'obligation de se faire envoyer par la justice en possession lui est imposée pour faire cesser une telle situation; il faut donc en conclure que l'envoi en possession a pour objet de lui conférer la possession de l'hérédité; le conjoint n'a donc point la possession tant qu'il n'a pas obtenu le jugement qui la lui accorde et ne possède qu'en vertu de ce jugement. D'autre part, comme il est évident que le jugement d'envoi en possession est attributif de droits et non pas déclaratif, puisqu'il crée un fait qui n'existait pas, il faut également en conclure que le conjoint ne possède qu'à partir de ce jugement (1).

Ce système a été cependant contesté.

L'envoi en possession, a-t-on dit, est une saisine judiciaire produisant tous les effets de la saisine légale et les produisant *à die mortis*. En d'autres termes, les successeurs irréguliers, et dans notre espèce l'époux survivant, sont saisis aussi bien que les héritiers légitimes; mais, à la différence de ces derniers, leur saisine est conditionnelle, c'est-à-dire subordonnée à l'obtention de l'envoi en possession; la condition une fois accomplie produit l'effet rétroactif qui lui est propre, de telle sorte que les successeurs irréguliers sont réputés, après l'envoi en possession, avoir succédé immédiatement à la possession comme à la propriété du défunt (2).

(1) Laurent, xi, p. 293, et Aubry et Rau, p. 254.
(2) Demolombe, xiii, p. 221. — C. Cass. du 7 juin 1837, et Cour de Paris du 1er juin 1837. (Dalloz au mot succession, n° 416.)

Il nous est impossible de nous rallier à ce système pour les raisons suivantes :

Nous ferons tout d'abord remarquer que l'expression de « saisine judiciaire » est en contradiction complète avec le langage juridique; lorsqu'on emploie le mot « saisine » on entend parler de l'investiture légale de la possession; cela ne souffre pas de difficulté; en conséquence, il ne peut être question de saisine lorsque l'autorité judiciaire intervient pour investir un successeur de la possession de l'hérédité; l'expression de « saisine judiciaire » implique donc une contradiction dans les termes. Dans le système que nous combattons, on ajoute que la saisine des successeurs irréguliers est une saisine conditionnelle; mais cela est en opposition avec le texte de la loi; car tout le monde admet que c'est bien donner la saisine que de la donner sous condition; or nous savons que l'art. 724 accorde la saisine aux héritiers légitimes et la refuse aux successeurs irréguliers. Il nous est également difficile d'admettre que la possession des successeurs irréguliers, après l'envoi en possession, ait un effet rétroactif, car nous avons vu que le jugement d'envoi en possession est un jugement attributif; il faut donc en conclure que ce jugement ne peut produire d'effet qu'à partir du jour où il a été rendu; car autrement, il serait nécessaire de supposer une possession fictive puisqu'en réalité les successeurs irréguliers ne possèdent point; mais pour cela il faudrait un texte formel et ce texte n'existe pas. Mais, nous dit-on, si vous n'admettez pas la rétroactivité de la possession, il va y avoir une lacune dans la possession depuis le *dies mortis* jusqu'au jugement d'envoi; or, une pareille lacune est contraire à l'intérêt public.

Cela est vrai; il y aura assurément une lacune dans la possession ; mais il est nécessaire d'admettre cette lacune; car c'est la conséquence logique des principes; vouloir la supprimer sous prétexte qu'elle est contraire à l'intérêt public, ce serait aller contre le texte et l'esprit de la loi; c'est pourquoi nous devons nous borner à exprimer le vœu que le législateur, en édictant de nouvelles dispositions, corrige cette imperfection de notre loi civile.

Ainsi donc l'envoi en possession a pour effet de conférer au conjoint survivant la possession des biens héréditaires; en conséquence, celui-ci ne possède qu'en vertu et à partir du jugement d'envoi.

Cela étant admis, les questions d'application ne seront plus douteuses.

(a) L'époux survivant, une fois en possession, devient immédiatement possesseur de tous les biens héréditaires, d'où il suit : 1° qu'à partir de ce moment il a le droit et la charge d'administrer; 2° qu'il peut intenter toutes les actions possessoires; 3° et enfin, qu'il a le droit d'usucaper les biens héréditaires ou autres biens possédés par le défunt et de joindre sa possession à celle du défunt; toutefois, nous ferons remarquer que la prescription acquisitive commencée par le défunt est suspendue pendant tout le temps qui s'écoule entre l'ouverture de la succession et l'envoi en possession (1).

Les deux premières de ces conséquences n'ont guère soulevé de difficulté; il n'en est pas de même de la dernière; ainsi, notamment M. Demolombe a soutenu que la prescription commencée par le défunt n'était point interrompue et que la possession du conjoint

(1) Marcadé, III, art. 724, n° 3. — Laurent, IX, p 299.

survivant rétroagissait au jour de l'ouverture de la succession. Cette opinion est la conséquence du système que le savant professeur a émis sur les effets de l'envoi en possession; nous avons vu ce que nous devons en penser; c'est pourquoi nous n'avons pas à y insister (1).

Nous venons de voir que l'époux survivant peut joindre sa possession à celle du défunt; mais *quid* lorsque la possession du défunt est vicieuse? Le conjoint a-t-il, dans cette hypothèse, le droit de commencer une possession qui lui est propre et personnelle et par conséquent exempte des vices de la possession qui lui est transmise? Ou bien n'a-t-il le droit de prescrire qu'autant et de la même manière que le défunt aurait pu prescrire?

Pour résoudre cette question, il nous est nécessaire d'exposer les principes concernant la jonction et la disjonction de la possession.

Aux termes de l'art. 2135, pour compléter la prescription, tout successeur, soit à titre universel ou à titre particulier, soit à titre onéreux ou à titre lucratif, peut joindre à sa possession celle de son auteur; Ainsi donc, si une personne, qui a possédé pendant vingt-cinq ans une chose qui ne lui appartenait pas, vient à mourir ou à vendre cette même chose, il suffit, pour que la prescription soit acquise, que son ayant-cause possède encore pendant cinq ans. Bien que la loi mette sur la même ligne les successions universelles et les ayant-cause particuliers, il existe cependant entre eux une différence capitale; ainsi, ces derniers peuvent joindre à leur possession celle de leur auteur, quand elle leur est utile, ou y renoncer quand

(1) Demolombe, XIII, p. 223.

elle est vicieuse ou moins utile que la leur; au contraire, les successeurs universels n'ont point cette faculté de séparer leur possession de celle de leur auteur; car ces derniers, du moins les héritiers légitimes, continuent la personne du défunt; ils sont donc obligés de continuer la possession et par conséquent ils ne peuvent commencer une prescription qui leur soit propre et personnelle.

Nous avons vu que l'époux survivant, qui est un successeur irrégulier ne continue et ne représente pas la personne du défunt; il semble donc à première vue, puisque les héritiers légitimes ne peuvent commencer une possesion nouvelle uniquement parcequ'ils continuent la personne du défunt, que l'époux survivant doit être assimilé à cet égard à un successeur particulier; cependant, il n'en est rien; car il ne faut point oublier qu'il succède à toutes les obligations de ce dernier; il en résulte qu'il est tenu de continuer la possession telle qu'elle se trouve dans la personne du défunt (1).

(*b*) L'époux, dès l'envoi en possession, a le droit de poursuivre les débiteurs de la succession et les détenteurs des biens héréditaires.

Cela n'offre pas de difficulté.

(*c*) Comme les actions passives suivent toujours les actions passives, il en résulte que le conjoint survivant peut, dès l'envoi en possession prononcé à son profit, être poursuivi par les créanciers héréditaires.

Mais est-il tenu des dettes *ultra vires?* Cette question est l'objet de grandes controverses ; c'est pourquoi il nous paraît utile d'exposer séparément les différents systèmes qui ont été proposés.

(1) Duranton, XXI, n° 239. Mourlon, III, p. 831.

Dans un premier système soutenu par MM. Demolombe (1) et Belost-Jolimont (2) on enseigne que
les successeurs irréguliers et, dans notre espèce, le
conjoint survivant, sont tenus *ultra vires* des dettes
et charges de l'hérédité; ces auteurs appuient leur
argumentation sur les considérations suivantes :
1° Les successeurs irréguliers jouissent, à partir de
leur envoi en possession, des mêmes droits que les
héritiers légitimes; ayant les mêmes droits, pourquoi n'auraient-ils point les mêmes charges? Est-il
convenable de faire à des enfants naturels une situation plus favorable que celle des enfants légitimes?
Sans doute, ceux-ci représentent la personne du
défunt et sont saisis de plein droit des biens héréditaires; les premiers, au contraire, ne représentent
pas la personne du défunt et sont tenus de se faire
envoyer en possession; mais tout cela n'exerce
aucune influence sur les rapports des successeurs
irréguliers avec les créanciers héréditaires. 2° Tous
ceux qui, à quelque titre que ce soit, recueillent en
tout ou en partie l'universalité des biens d'une personne décédée, sont considérés comme étant *loco
heredum*; or, il résulte de l'ensemble des dispositions
du Code que le droit à une quotité de succession
implique l'obligation de supporter une quotité pro-
portionnelle de dettes et que cette obligation est
personnelle; donc les successeurs irréguliers, tout
comme les héritiers légitimes, sont tenus des dettes
ultra vires. 3° Aux termes des articles 870 à 875,
1009, 1012 et 1220, les héritiers et légataires universels et à titre universel sont tenus *ultra vires* des

(1) Tome XIII, p. 225 et suiv.
(2) Belost-Jolimont sur Chabot, art. 773, note 5.

dettes héréditaires ; or il résulte de l'ensemble de ces articles que le législateur a entendu comprendre sous la dénomination d'héritiers tous les successeurs appelés par la loi, tant réguliers qu'irréguliers, par opposition aux successeurs universels appelés par la volonté du défunt ; donc les sucesseurs irréguliers sont tenus *ultra vires ;* sinon il faudrait en conclure que le Code, qui a réglé ce qui concerne le paiement des dettes héréditaires à l'égard des héritiers légitimes et des légataires universels, ne s'est point occupé du paiement de ces dettes en ce qui concerne les successeurs irréguliers, ce qui ne saurait être admis. 4° Il n'est point vrai de dire que l'obligation de payer toutes les charges de la succession dérive uniquement de la saisine légale : cette obligation dérive simplement de la saisine ; or l'envoi en possession, tout comme la délivrance, procure une saisine de fait ; il en résulte que les successeurs irréguliers sont saisis tout comme les héritiers légitimes ; les successeurs irréguliers sont donc tenus, comme ces derniers, d'acquitter toutes les charges de la succession. 5° Mais, nous dira-t-on, tout le monde admet que l'Etat n'est pas obligé *ultra vires :* or l'Etat est un successeur irrégulier, et le Code ne contient aucune disposition pour établir à cet égard une différence entre l'Etat et les autres successeurs irréguliers ; donc ceux-ci ne sont tenus, comme l'Etat, qu'*intra vires.* Ce raisonnement ne saurait être admis, car l'Etat ne recueille pas, à proprement parler, une véritable succession : c'est un bien vacant et sans maître, c'est une sorte d'épave qu'il recueille en vertu de son droit d'occupation ; en résumé, si les successions qui ne sont réclamées par personne sont dévolues à l'Etat, c'est par droit de déshérence plutôt qu'en vertu d'un véritable droit de succession.

Dans un second système, admis par la presque unanimité des auteurs (1), on enseigne que les successeurs irréguliers ne sont tenus des dettes héréditaires qu'à cause des biens qu'ils recueillent et par conséquent à concurrence seulement de ces biens; il en résulte qu'ils n'ont pas besoin de recourir à l'acceptation sous bénéfice d'inventaire pour n'être tenus qu'*intra vires*. Voici les principaux arguments qui ont été émis à l'appui de ce système :

1° Il est certain que l'on ne doit considérer comme représentants de la personne du défunt que les héritiers qui ont la saisine et cela résulte à l'évidence de l'art. 1220 qui est ainsi conçu : « Les héritiers ne peuvent demander la dette ou ne sont tenus de la payer que pour les parts dont ils sont *saisis* ou dont ils sont *tenus comme représentant le créancier ou le débiteur;* » Il faut donc en conclure que les successeurs irréguliers sont de simples successeurs aux biens; leur obligation de payer les dettes héréditaires a par conséquent pour cause les biens qu'ils recueillent; il en résulte que cette obligation cesse lorsque la cause de cette obligation vient elle-même à cesser, ce qui revient à dire que les successeurs irréguliers ne peuvent être poursuivis par les créanciers que jusqu'à concurrence de la valeur des biens qu'ils recueillent;

2° Il faut reconnaître que l'obligation d'être tenu *ultra vires* est une obligation très grave; il est donc juste qu'elle ne puisse résulter que d'un texte formel. Or, il y a bien l'art. 724 qui impose cette obligation

(1) Sic Laurent, **IX**, p. 300. — Duranton, **VI**, n° 63. — Demante, **III**, n° 24 bis. — Marcadé, art. 724, n° 4. — et Ducaurroy Bonnier et Roustaing, **III**, n° 546.

aux héritiers légitimes qui sont saisis; mais aucun texte ne permet d'étendre cette disposition aux suc-seurs irréguliers qui ne sont pas saisis; si donc ces derniers sont tenus des dettes héréditaires, ce n'est qu'en vertu de la maxime : « *Bona non dicuntur nisi deducto œre alieno;* » 3° Notre ancien droit distin-guait les héritiers légitimes et les successeurs irrégu-liers; ces derniers avaient la saisine légale et cepen-dant ils n'étaient tenus, au dire de Pothier (1), que jusqu'à concurrence des biens qu'ils recueillaient; il doit en être de même dans notre code; car si le légis-lateur de 1804 avait prétendu innover à cet égard, on trouverait quelque part des traces de cette innova-tion; 4° Tout le monde admet que l'Etat n'est tenu des dettes qu'*intra vires;* or il résulte de l'ensemble des dispositions du code que tous les successeurs irréguliers sont mis sur la même ligne; il faut donc en conclure que les autres successeurs irréguliers sont comme l'Etat tenus seulement *intra vires*.

Entre ces deux systèmes notre choix n'est pas dou-teux; le second nous paraît préférable; car des argu-ments invoqués à l'appui du premier, aucun ne nous paraît bien sérieux. Et d'abord le premier, qui con-siste à dire que le législateur ne peut pas avoir fait à l'enfant naturel une situation préférable à celle de l'enfant légitime ne saurait être pris en considération; en effet, il n'y a rien d'étonnant à cela; cette disposi-tion est sujette à critique, si l'on veut; mais voilà tout. Le second se réfute facilement en faisant remar-quer qu'il confond deux choses bien distinctes, à savoir : l'étendue du droit de poursuite du créancier et le montant de l'obligation dû débiteur; sans doute

(1) Traité des successions, chap. VI.

les successeurs irréguliers peuvent être poursuivis sur tous les biens présents et à venir; mais il ne résulte pas de cela qu'ils peuvent l'être pour une valeur supérieure à la valeur de l'actif. Nous avons à faire concernant le troisième une observation identique à celle que nous avons faite pour le premier; nous n'avons donc pas à y insister. Quant au quatrième, il a pour base cette idée que l'envoi en possession engendre une saisine de fait; nous savons ce que nous devons penser à cet égard. Reste enfin le dernier qui nous paraît aussi peu fondé que les autres; l'explication qu'il contient est peu en harmonie avec la terminologie du code et les art. 723, 724 et 767; car tous ces articles considèrent l'Etat comme un véritable successeur; d'ailleurs le droit de déshérence ne constitue pas le titre de la vocation de l'Etat; ce droit est simplement le fait qui donne lieu à la dévolution de la succession au profit de l'Etat; enfin nous ferons remarquer que les biens du défunt ne sont pas acquis à l'Etat à titre d'épaves, c'est-à-dire comme autant d'objets distincts et restés sans maître, mais comme une universalité juridique.

Il résulte donc de tout ce qui précède que l'époux survivant n'est tenu des dettes héréditaires que jusqu'à concurrence des biens qui lui sont dévolus, pourvu toutefois qu'il ait eu le soin de ne pas confondre les biens de la succession avec ses biens personnels.

Si le conjoint avait omis de faire faire inventaire, serait-il tenu *ultra vires* des dettes de la succession? Certains auteurs ont soutenu l'affirmative. Nous ne partageons par cette opinion; assurément, le conjoint est en faute de n'avoir pas fait inventaire; mais, une

7

faute, quelle quelle soit, ne peut pas transformer un
successeur irrégulier en héritier légitime; il n'est dû
que réparation du préjudice causé; on admettra en
conséquence les créanciers à établir l'importance des
biens par la commune renommée; mais, s'il ressort
de toutes les présomptions et conjectures, que l'actif
ne dépassait pas telle somme, on n'obligera pas le
successeur en faute à payer une somme supérieure
sur ses propres biens.

(*d*) L'envoi en possession dispense le conjoint survivant d'accepter la succession; par analogie, le conjoint qui a négligé de demander l'envoi en possession
et qui est déchu de cette faculté est considéré comme
ayant renoncé à la succession (1).

Cet effet de l'envoi en possession a été vivement
controversé. On a prétendu que les principes établis
par le code concernant l'acceptation et la répudiation
des successions et contenus dans les art. 774 et suivant doivent s'appliquer aux successions irrégulières
tout aussi bien qu'aux hérédités légitimes, sauf à
tenir compte des différences qui existent entre ces
deux ordres de successions. Les arguments invoqués
à l'appui de ce système peuvent se résumer dans les
considérations suivantes : 1° le droit héréditaire est
identique dans son essence, qu'il appartienne à un
parent légitime ou à un successeur irrégulier; il en
résulte que l'exercice de ce droit doit être soumis aux
mêmes règles; or, « nul n'est héritier qui ne veut; »
il faut donc en conclure que les successeurs irréguliers doivent avoir le droit soit d'accepter, soit de
répudier la succession; 2° le mode légal d'accepter
ne peut pas être pour les successeurs irréguliers

(1) Sic Demolombe, xiv, p. 337.

l'envoi en possession, car un mode légal suppose une disposition léglislative; or, il ne se trouve nulle part une disposition législative disant que les successeurs irréguliers sont censés avoir accepté la succession, par le fait même qu'ils sont envoyés en possession. D'ailleurs, l'envoi en possession n'a aucun rapport avec l'acceptation d'une succession, car l'envoi en possession ne fait que conférer la possession, tandis que l'acceptation fait acquérir la succession; puisque ces deux choses engendrent des effets entièrement différents, il faut en conclure que l'envoi en posssession ne peut tenir lieu d'acceptation; 3° le fait de ne pas demander l'envoi en possession ne peut pas faire considérer le successenr irrégulier comme renonçant, car les renonciations ne se présument pas et cela résulte à l'évidence de l'art. 784; 4° la disposition de l'art. 774 concernant l'acceptation bénéficiaire ne recevra pas d'application, si toutefois l'on admet que les successeurs irréguliers ne sont tenus qu'*intra vires* des dettes héréditaires (1).

Nous ne saurions nous dissimuler la force de ces considérations; toutefois, nous croyons que ce système ne saurait être admis, car il n'est question que des héritiers dans les art. 774 à 811 qui contiennent les règles concernant l'acceptation et la répudiation des successions; il en résulte donc que ces règles ne sauraient s'appliquer aux successeurs irréguliers.

(1) **Laurent**, ix, p. 573, et Zachariæ, édition d'Aubry et Rau, iv, p. 531.

§ III. — *Conséquences de l'envoi en possession dans les rapports du conjoint évincé et d'un successeur préférable revendiquant.*

I

La thèse que nous abordons ici ne s'élève que lorsque d'autres ayants-droit réclament l'hérédité, en tout ou en partie, contre le conjoint survivant envoyé en possession qui la possède. Nous avons à examiner quels sont dans cette hypothèse les droits et les obligations du conjoint évincé.

Il va sans dire que l'époux serait à l'abri des revendications du successeur préférable, qui serait resté trente ans dans l'inaction, quand même l'époux n'aurait point possédé la succession pendant trente ans; car, dans ce cas, le droit du successeur préférable se serait éteint par prescription. Dans d'autres circonstances, le conjoint ne sera à l'abri des revendications du successeur préférable qu'autant qu'il aura possédé l'hérédité pendant trente ans; cela se présentera toutes les fois que la prescription du droit héréditaire du successeur préférable aura été suspendue ou interrompue; dans ce cas, le conjoint aura acquis les biens de l'hérédité. Il faut donc se garder de confondre la prescription héréditaire résultant de l'inaction de l'héritier pendant trente ans avec la prescription de l'hérédité qui s'accomplit au profit du conjoint qui la détient; la première est une prescription extinctive, la seconde une prescription acquisitive.

Il existe entre ces deux prescriptions de nombreuses ressemblances et de nombreuses différences.

Si nous examinons les ressemblances, nous voyons qu'il s'agit dans les deux hypothèses de la prescription trentenaire; il s'agit également, dans les deux hypothèses, de dépouiller le successeur préférable de tous ses droits.

Passons maintenant aux différences. La prescription du droit héréditaire établie par l'art. 789 suppose que le successeur préférable est resté trente ans sans exercer son droit; dans ce cas, ce dernier est complètement étranger à l'hérédité; s'il agit en pétition d'hérédité, le conjoint le repoussera en invoquant la prescription extinctive fondée sur ce qu'il est déchu du droit qu'il avait pour venir réclamer la succession; la prescription de l'hérédité suppose, au contraire, que le successeur préférable n'était pas déchu de son droit, mais que le conjoint a possédé pendant trente ans les biens héréditaires et qu'il en est devenu propriétaire par prescription. Tandis que dans le premier cas on ne se préoccupe pas du temps pendant lequel a duré la possession du conjoint, dans le second, au contraire, on exige que le conjoint ait possédé pendant trente ans. Enfin, nous ferons remarquer que ces deux cas, quant aux effets, ne se ressemblent pas; car, lorsque le successeur préférable est repoussé par la prescription extinctive, il n'a plus aucun droit héréditaire à exercer et il est déchu de tous les droits qu'il pouvait avoir sur l'hérédité; si c'est au contraire par la prescription acquisitive, il reste cependant héritier et cela lui permet de revendiquer tous les biens qui n'ont pas été prescrits par le conjoint survivant (1).

(1) Ducaurroy Bonnier et Roustaing, II, p. 403. — Laurent, IX. p. 568. — Demante, II, p. 168.

La distinction que nous venons d'établir entre ces deux sortes de prescriptions est méconnue par la jurisprudence. On pourrait citer dans ce sens plusieurs arrêts, notamment un arrêt de la Cour de cassation du 15 juin 1855 (1) et un arrêt de la Cour de Paris du 11 décembre 1858. Ces arrêts admettent que l'action en pétition d'hérédité intentée par le successeur préférable, qui est resté trente ans sans se prononcer, doit être repoussée par la prescription acquisitive, et ils confèrent l'hérédité au possesseur alors même qu'il ne l'a pas appréhendée depuis trente ans; ils parviennent à ce résultat en faisant remonter sa possession au jour de l'ouverture de l'hérédité. Nous n'avons pas besoin d'insister sur un pareil système qui est contraire à toutes les règles du droit; car il est de toute évidence que la possession, chose de fait, ne peut avoir un effet rétroactif et par conséquent être fictive qu'en vertu d'une disposition législative; or, il n'existe nulle part une disposition qui permet au juge d'établir une pareille fiction.

Le conjoint survivant, envoyé en possession, serait encore à l'abri des revendications du successeur préférable qui, après avoir renoncé à la succession, voudrait plus tard revenir sur sa renonciation; car les héritiers renonçants ne peuvent revenir sur leur renonciation qu'autant que la succession n'a pas été déjà acceptée par d'autres héritiers; cela résulte à l'évidence de l'art. 790; or, dans l'hypothèse qui nous occupe le conjoint a accepté, puisque nous avons montré que l'envoi en possession tient lieu d'acceptation.

(1) Dalloz, 1855, i, p. 253.
(2) Dalloz, 1858, ii, p. 222.

Cela dit, quatre questions principales peuvent se présenter dans l'hypothèse que nous avons à envisager; nous allons les examiner séparément.

Il va sans dire que nous supposons dans tout ceci que le conjoint survivant envoyé en possession est de bonne foi, c'est-à-dire qu'il ignore l'existence des successeurs préférables; car nous ferons remarquer que l'accomplissement de toutes les formalités de l'envoi en possession ne l'empêcherait point d'être considéré comme étant de mauvaise foi, ce qui arriverait s'il avait connu l'existence des successeurs préférables (1).

(*a*) Le conjoint a-t-il le droit de garder les fruits ou bien est-il tenu de les restituer?

Pour nous, la question ne fait point de doute, car il est un principe de notre Code qui dit que le possesseur gagne les fruits s'il est de bonne foi; or, nous avons supposé que le conjoint était de bonne foi, il faut donc en conclure qu'il n'est pas tenu de restituer les fruits (2).

Cependant cette opinion est loin d'être admise d'une manière générale; on a prétendu que l'époux était obligé de rendre les fruits perçus pendant les trois ans qui suivent l'envoi en possession, mais qu'il avait le droit de garder les fruits perçus après ce délai de trois ans. On fonde cette doctrine sur les articles 771 et 773, qui obligent le conjoint pendant trois ans à donner caution ou à faire emploi du mobilier; il en résulte, dit-on, que le conjoint n'a pas la libre disposition du mobilier, et que pendant ce délai de trois ans, ce n'est qu'un simple administrateur; dès

(1) Demolombe, xiv, p. 315.
(2) Aubry et Rau, vi, p. 708.

lors, il ne peut gagner les fruits pendant ce délai. Mais une pareille distinction est inadmissible, car on ne trouve au titre des successions aucune disposition qui considère pendant ce délai le conjoint envoyé en possession comme un simple administrateur. D'ailleurs, si on adoptait ce système, il en résulterait que l'État, qui depuis la loi du 27 février 1827 n'est pas tenu de fournir caution, serait un véritable propriétaire *a die mortis* et que l'époux ne serait qu'un simple administrateur. Cela suffit, croyons-nous, pour montrer la fausseté de ce système (1).

(*b*) Le conjoint doit-il une indemnité à raison des détériorations qu'il a causées aux biens héréditaires?

Nous estimons qu'il ne doit rien de ce chef, car il possédait à titre de propriétaire et devait se croire tel ; or, le propriétaire a le droit de dégrader sa chose. Cependant il est bien entendu que, s'il avait tiré profit des dégradations, il en devrait compte (2). M. Demolombe, au contraire, rend le conjoint responsable seulement des détériorations survenues pendant les trois ans qui ont suivi l'envoi. Nous rejetons cette opinion, car nous avons vu que le droit de l'époux ne subit aucune modification par l'expiration du délai de trois ans qui suivent l'envoi en possession (5).

(*c*) Les actes que le conjoint a passés avec des tiers, relativement aux biens héréditaires, doivent-ils être maintenus ou annulés?

Posons d'abord en princfpe que tous les actes à titre gratuit doivent être annulés; cela ne soulève aucune difficulté. La question ne se pose donc que pour les actes à titre onéreux.

(1) Demante, III, p. 128.
(2) Aubry et Rau, VI, p. 708.
(3) Demolombe, XIV, p. 315.

Il est hors de doute que les actes d'administration doivent être maintenus, puisque ces actes peuvent être accomplis même par un *non-dominus*.

Il en est de même des aliénations de meubles corporels au profit de tiers possesseurs de bonne foi, à cause de la règle contenue dans l'art. 2279.

Mais quid des aliénations de meubles corporels au profit des tiers possesseurs de mauvaise foi, des aliénations de meubles incorporels et des aliénations d'immeubles?

Cette question est l'objet de vives controverses; nous allons examiner séparément les différents systèmes qui ont été émis sur cette question.

Dans un premier système, on annule tous ces actes sans distinction, par la raison bien simple que l'époux, comme tout successeur irrégulier, n'a qu'une propriété précaire et provisoire, tant que la pétition d'hérédité contre lui n'a pas été prescrite. On invoque en ce sens une décision du ministre des finances, en forme d'instruction, du 13 avril 1832, qui porte : « que, jusqu'à l'expiration de trente ans, la propriété étant imparfaite, l'état ne peut que jouir de ces biens, mais non en disposer irrévocablement (1). »

Nous repoussons ce système pour deux raisons : d'abord parce qu'il consiste à considérer le conjoint comme une sorte d'administrateur pendant les trente ans durant lesquels demeure ouverte contre lui la pétition d'hérédité, or rien n'est plus exact, et, en second lieu, parce que les instructions ministérielles ne sont pas obligatoires pour les tribunaux.

M. Demolombe distingue entre les aliénations con-

(1) Toullier, IV, 277 – Duranton, VI, 358.

senties dans le délai de trois ans indiqué par l'article 771 et les aliénations consenties après ce délai, pour annuler les premières et valider les secondes. Il annule les premières parce que s'il est vrai, dit-il, que le conjoint est propriétaire à partir du jour de l'ouverture de l'hérédité, il n'en est pas moins certain que le législateur a considéré que ce successeur était surtout exposé à des évictions dans le délai des trois ans qui suivent l'envoi; voilà pourquoi il a exigé de lui une caution pour la restitution du mobilier; et s'il n'a exigé aucune sûreté pour la restitution des immeubles, c'est que dans sa pensée les immeubles ne pouvaient être soustraits par une aliénation faite dans ces trois ans aux conséquences de la pétition d'hérédité. Il valide au contraire les aliénations d'immeubles consenties par le conjoint survivant après le délai de trois ans; car après ce délai, le conjoint survivant se trouve de tous points dans la même position que l'héritier apparent qui a appréhendé l'hérédité en cas d'absence de l'héritier plus proche (1).

Nous ne saurions adopter un pareil système; car nous avons déjà montré que la distinction tirée de cette idée que pendant les trois ans qui suivent l'envoi, l'époux n'est qu'un propriétaire précaire, tandis qu'après ce délai il devient propriétaire définitif, ne repose sur aucun fondement. Tout ce qu'on peut dire c'est que pendant les trois ans qui suivent l'envoi, l'obligation du conjoint est mieux garantie, mais non pas plus stricte qu'après.

Enfin d'autres auteurs, à l'opinion desquels nous nous rangeons, enseignent que ces aliénations doivent toujours être maintenues, non-seulement lors-

(1) **Demolombe**, xiv, p. 318..

qu'elles ont été consenties après l'expiration du délai de trois ans, mais lors même qu'elles ont été consenties avant l'expiration de ce délai. L'obligation éventuelle imposée au conjoint survivant de restituer, n'éprouve aucune modification par l'expiration du délai précité : elle n'est ni plus stricte, ni plus étendue pendant ce délai qu'elle ne l'est après, et il n'y a dès lors aucune raison de faire dépendre l'efficacité ou l'inefficacité de ces aliénations d'une circonstance de temps qui est à tous égards étrangère à la question (1).

(*d*) Quels sont les droits qui appartiennent au conjoint évincé contre le successeur revendiquant?

D'abord il peut arriver que le conjoint ait fait des dépenses nécessaires ou utiles, il est donc juste qu'il soit indemnisé; ces dépenses seront réglées entre les parties suivant les principes du droit commun.

Le conjoint devra être également indemnisé des frais que lui ont coûté les différentes formalités de l'envoi en possession, puisque ces frais après tout ont eu lieu dans l'intérêt du revendiquant. Mais le conjoint n'a point droit pour son administration à un salaire quelconque, car il n'a pas agi comme *negotiorum gestor*, il a agi dans son propre intérêt.

II

Nous venons d'examiner les conséquences qu'entraîne pour le conjoint survivant envoyé en possession son éviction par un successeur préférable. Mais

---

(1) Laurent, IX, p. 651, et Aubry et Rau, VI, p. 711.

qu'arrive-t-il lorsque le conjoint évincé a omis quelques-unes des formalités constitutives de l'envoi en possession, ou bien lorsqu'il a pris possession de son autorité privée des biens héréditaires ? Pour répondre à cette question, il nous faut envisager séparément les diverses hypothèses qui peuvent se présenter.

Première hypothèse. — L'époux ayant obtenu l'envoi en possession a négligé l'apposition des scellés et la confection de l'inventaire.

Dans ce cas le successeur préférable aura le droit d'établir la consistance du mobilier soit par titres, soit par témoins et même par la commune renommée. Bien plus, s'il existe certains biens qui ne se se retrouvent point, il pourra y avoir matière à des dommages-intérêts (art. 772).

Deuxième hypothèse. — L'époux a négligé de fournir caution ou de faire emploi du mobilier.

L'époux sera dans cette hypothèse tenu à des dommages-intérêts (art. 772).

Il est de toute évidence que l'inobservation de cette formalité ne peut nuire au successeur préférable que si l'époux est insolvable ; or à quoi peut servir dans cette hypothèse une condamnation à des dommages-intérêts ? Il semble donc résulter de cela que l'article 772 n'est point d'une application efficace au cas de défaut de caution ou d'emploi. Cependant il peut arriver, en supposant l'époux solvable, que le défaut d'emploi ou de caution occasionne des retards ou des difficultés de recouvrement ; dans ce cas, la créance de dommages-intérêts pourra produire quelque effet. D'ailleurs une condamnation à des dommages-intérêts constituera toujours au profit du successeur revendiquant une créance recouvrable, peut-être dans l'avenir, si le conjoint revient à meilleure fortune.

Troisième hypothèse. — L'époux n'a point obtenu l'envoi en possession et a omis les formalités qui y conduisent, c'est-à-dire les insertions et les affiches; en un mot, il s'est mis de son autorité privée en possession de l'hérédité.

Examinons les conséquences qu'entraîne pour le conjoint l'inaccomplissement des formalités de l'envoi en possession.

(*a*) Et d'abord, l'époux est-il tenu de la restitution des fruits?

Dans un premier système, on considère l'époux, qui a pris de son autorité privée possession de l'hérédité, comme un possesseur de mauvaise foi et par conséquent on le soumet à l'obligation de restituer les fruits (1). Ce système nous paraît erroné; car, en principe, la mauvaise foi ne se présume pas; ce ne peut donc être que par exception à la règle qu'on peut considérer le conjoint comme possesseur de mauvaise foi; or, cette exception ne se trouve dans aucune disposition de la loi. D'ailleurs, bien souvent le conjoint n'accomplira pas les formalités de l'envoi en possession parce que, étant dans la persuasion qu'elles sont inutiles, il a voulu éviter les frais qu'elles occasionnent. Ainsi donc, nous croyons que l'omission des formalités de l'envoi en possession ne suffit pas pour constituer le conjoint en état de mauvaise foi surtout si elles n'ont point été omises dans la vue de

---

(1) Bordeaux, 10 janvier 1871 (Dalloz, 1872, 2, 250). — Delvincourt, II, p. 64. — Toullier, II, 332.

soustraire à la connaissance des successeurs préférables l'ouverture de la succession (1).

Cependant, il peut arriver que, malgré sa bonne foi, le conjoint soit tenu à la restitution des fruits; cela se produira toutes les fois que, par suite de l'omission des affiches et des publications, les successeurs préférables sont restés, pendant un délai plus ou moins long, dans l'ignorance de l'ouverture de la succession; dans cette hypothèse, le conjoint, par sa négligence, a porté préjudice à ces dernier; il doit donc restituer tout ou partie des fruits qu'il a perçus (2).

(b) Les mêmes principes sont applicables en ce qui concerne les fautes et les détériorations commises sur les les biens héréditaires.

(c) Enfin, reste à savoir si les actes, à titre onéreux passés par le conjoint avec des tiers de bonne foi, doivent être considérés comme valables.

Nous ne nous occupons pas des actes à titre gratuit ou des actes à titre onéreux passés avec des tiers de mauvaise foi; car il est évident (et tout le monde l'admet) que ces actes ne sauraient être maintenus.

Aux termes des articles 2125 et 2182 nul ne peut transmettre à un autre plus de droits qu'il n'en a. Or il est prouvé par le succès de l'éviction que le conjoint n'avait aucun droit; donc il n'a pu transmettre lui-même aucun droit à un autre. On a invoqué dans le système opposé la bonne foi des tiers, qui est, a-t-on dit, irréprochable; mais cet argument est peu

(1) **Aubry et Rau**, vi, p. 709. — Paris, 13 avril 1848 (Sirey, 48, 2, 213) et Paris, 30 avril 1859 (Sirey, 60, 2. 625).
(2) **Aubry et Rau**, vi, p. 711.

sérieux, car les tiers, en traitant avec un successeur irrégulier qui n'avait pas rempli les formalités prescrites par la loi, ont commis une faute et se sont ainsi exposés à l'éviction qui rejaillit sur eux.

Il n'y a aucune distinction à faire entre les actes de disposition et les actes d'administration ; ces derniers, comme les premiers, ne sont valables qu'autant qu'ils ont été consentis au profit des tiers de bonne foi et postérieurement à l'envoi en possession.

Ainsi, notamment les paiements faits entre les mains du conjoint ne libèrent pas les débiteurs héréditaires, et ces derniers n'ont pas le droit d'invoquer le bénéfice de l'article 1240 pour prétendre qu'ils se trouvent valablement libérés ; car ils avaient le droit de repousser les poursuites dirigées contre eux par l'époux, au moyen d'une exception tirée de son défaut de qualité. Si donc ils ont fait le paiement sans opposer cette exception, il est juste qu'ils supportent les conséquences de leur négligence (1).

III

En terminant nous allons examiner les droits et les obligations du conjoint survivant qui dérivent pour celui-ci de la prise de possession de l'hérédité sans formalités ni jugement.

Nous avons vu que l'envoi en possession équivaut à une acceptation pour le conjoint survivant : il en résulte donc que, tant qu'il n'a pas accompli les formalités constitutives de l'envoi en possession, il est

(1). **Aubry et Rau**, p. 713.

sans droit pour repousser l'action en pétition d'hérédité intentée contre lui par le successeur préférable
qui, après avoir renoncé, voudrait, en rétractant
sa renonciation, ressaisir l'hérédité; car dans cette
hypothèse, l'art. 790 ne saurait s'appliquer puisque
la prise de possession de fait de l'hérédité ne lui
tient pas lieu d'acceptation.

Par analogie, de même que les héritiers légitimes
ont un délai de trente ans pour accepter les successions qui leur sont dévolues, de même le conjoint a un
délai de même durée pour demander l'envoi en possession; passé ce délai, il est considéré comme renonçant. En conséquence, il n'est pas à l'abri des
revendications que pourrait exercer contre lui un
successeur préférable qui n'aurait point accepté la
succession dans les trente années à partir de son
ouverture; car la possession du conjoint est dans
ce cas entachée d'illégalité; il est donc sans droit pour
opposer à l'héritier qui se présente son inaction
comme entraînant contre lui une déchéance quelconque. Cependant il pourrait le repousser s'il avait
possédé chacun des biens de l'hérédité pendant trente
ans et s'il avait le droit d'invoquer la prescription
acquisitive.

On pourrait peut-être conclure de ce qui précède
que l'Etat aurait le droit de réclamer la succession
contre le conjoint qui aurait laissé passer les trente
ans sans se faire envoyer en possession. Cependant
cette conclusion nous paraît un peu dure, car l'Etat
ne vient recueillir que les biens vacants et sans maî-
tres; or il est impossible de considérer comme biens
vacants des immeubles qui sont appréhendés par le
conjoint.

Enfin, on s'est demandé si cette prise de possession n'a point pour effet de soumettre le conjoint survivant aux poursuites des créanciers héréditaires.
Nous ne voyons pas de difficulté à cela; en effet, il
serait, croyons-nous, injuste de permettre au conjoint
de tirer profit contre les tiers de l'inaccomplissement
des formalités prescrites par la loi; il faut donc maintenir contre lui les conséquences de la position qu'il
s'est faite à lui-même (1).

CHAPITRE DEUXIÈME

Du droit de l'époux survivant sur la propriété littéraire et artistique.

Les œuvres de l'esprit ont droit, comme les produits du travail manuel, à la protection de la loi. En
effet, l'homme de lettres serait peu porté à écrire si
les fruits de sa méditation et de ses veilles pouvaient
lui être ravis par un audacieux plagiaire. Voilà pourquoi le législateur s'est préoccupé, à toutes les épo-
ques, d'assurer à l'auteur la jouissance et la disposition de son livre. C'est ce que firent, sous l'ancienne
monarchie, divers arrêts du conseil relatifs aux pri-
vilèges des auteurs. Les lois des 19-24 juillet 1793,
4 août 1844, 19 avril 1854 et 19 juillet 1866, ainsi
que les décrets des 1er germinal an XIII et 5 février
1810, ont eu le même objet.

Mais devait-on considérer le droit des auteurs

(1) Demolombe, XIV, p. 333.

8

comme un véritable droit de propriété et, par conséquent, lui reconnaître les caractères de perpétuité?
N'était-il pas préférable, au contraire, de le considérer
comme un droit viager?

Les législateurs qui se sont successivement occupés
de cette matière ont pensé, avec raison, que la société, qui avait procuré à l'écrivain la sécurité, condition essentielle du travail, et qui lui avait permis
de mettre à profit les travaux des générations pas-
sées et les richesses de la langue nationale, devait
avoir certains droits sur une œuvre à laquelle elle
avait, en quelque sorte, collaboré.

Mieux encore que ses prédécesseurs, le législateur
de 1866 a su tenir compte des droits respectifs de
l'écrivain et de la société; il a protégé, contre les
tentatives de plagiat, le travail de l'écrivain et il a
reconnu aux héritiers de ce dernier le droit de jouir
et disposer, pendant un délai déterminé, de ses œuvres; mais il a donné aussi pleine satisfaction aux
droits de la société, dont la collaboration ne saurait
être méconnue.

Nous ne discuterons point toutes ces questions qui
sont d'une importance capitale et sur la solution
desquelles on est encore loin d'avoir dit le dernier
mot; nous nous contenterons d'étudier les dispositions de ces lois qui règlent les droits du conjoint
survivant sur la propriété littéraire qu'avait le *de
cujus.*

I. — DROITS DE L'ÉPOUX SURVIVANT AVANT LA LOI DU 19 JUILLET 1866.

Jusqu'en 1810 aucun acte législatif ne s'était préoccupé des droits du conjoint survivant.

Le décret du 5 février 1810, concernant la librairie
et l'imprimerie présente en titre sur la propriété littéraire et sa garantie (art. 29-30); ce décret recon-
naît le droit de l'auteur pendant sa vie; de plus il
accorde le même droit viager à sa veuve, sous cette
condition : « Si les conventions matrimoniales de
celle-ci lui en donnent le droit. »

Ces expressions, du reste assez obscures, avaient
longtemps exercé la sagacité des commentateurs; les
uns soutenaient que la veuve n'avait droit à la propriété littéraire qu'autant que ce droit lui avait été
expressément assuré par son contrat de mariage; les
autres au contraire n'accordaient ce droit qu'à la
femme mariée sous le régime de la communauté.
Cette dernière opinion avait fini par prévaloir (1).

A la mort de la veuve, les enfants de l'auteur
recueillaient la propriété littéraire et en jouissaient
encore pendant un délai de vingt ans; après ce temps
l'ouvrage tombait dans le domaine public. La loi de
1854 a porté à trente ans le droit des enfants.

Le droit des héritiers de l'auteur ne prenait point
naissance le jour du décès de ce dernier; il ne commençait qu'à la mort de la veuve : jusqu'à ce moment
ils n'avaient qu'une espérance; il en résultait que la
propriété littéraire n'appartenait qu'à ceux des héritiers qui survivaient à cette dernière.

Comme il n'était point question dans le décret de
1810 des héritiers autres que les enfants, il faut en
conclure que leur droit restait fixé à dix ans, conformément à la loi du 19 juillet 1793.

Le droit de la veuve était dénommé sous le nom de
« droit de propriété »; mais tout le monde était d'ac-

(1). Boissonnade (op. cit.) p. 351.

cord pour ne le considérer comme un simple usufruit. Nous croyons que c'était là une erreur : car tout usufruit suppose une nue propriété; or ici, les héritiers de l'auteur n'étaient point des nus propriétaires. Nous croyons donc que c'était plutôt une propriété grevée de substitution indisponible.

Enfin nous ferons remarquer qu'aux termes du décret de 1810, le mari veuf d'une femme auteur n'était pas appelé à recueillir le droit de sa femme.

II. — DROITS DE L'ÉPOUX SURVIVANT DEPUIS LA LOI DU 19 JUILLET 1866.

La loi des 14-19 juillet 1866 forme aujourd'hui le code de la propriété littéraire.

Nous remarquerons d'abord qu'elle évite d'employer le mot de propriété littéraire. Elle est intitulée : « Loi sur les droits des héritiers et ayants cause des auteurs.» Le rapporteur M. Perras a annoncé que la commission avait été très divisée sur la nature même du droit des auteurs et que la question de principe avait été expressément réservée.

Cette loi accorde à l'auteur, durant sa vie, la propriété exclusive et jalouse de son œuvre; à sa mort, l'œuvre reste la propriété de ses héritiers qui ont la faculté d'en jouir pendant un délai de cinquante ans : après ce délai l'œuvre tombe dans le domaine public.

Si les règles ordinaires des successions s'appliquaient ici, le droit de l'auteur passerait à sa mort avec tous ses autres biens à ses descendants où à ses ascendants ou bien encore à ses collatéraux; ce ne serait qu'à défaut d'héritiers légitimes et même à défaut de tous parents naturels que l'époux survivant recueillerait ce droit dans la succession de l'auteur.

Mais le législateur a établi ici une dérogation aux principes généraux en faveur de l'époux survivant; voici d'ailleurs comment il s'exprime à cet égard :

« Pendant cette période de cinquante ans, le con-
» joint survivant, quel que soit le régime matrimo-
» nial et indépendamment des droits qui peuvent
» résulter en faveur de ce conjoint du régime de la
» communauté, a la simple jouissance des droits
» dont l'auteur prédécédé n'a pas disposé par acte
» entre-vifs ou par testament. Toutefois si l'auteur
» laisse des héritiers à réserve, cette jouissance est
» réduite au profit des héritiers suivant les propor-
» tions et distinctions établies par les art. 913 et 915
» du Code civil. Cette jouissance n'a pas lieu, lors-
» qu'il existe, au moment du décès, une séparation
» de corps prononcée contre ce conjoint; elle cesse
» au cas où ce conjoint contracte un nouveau
» mariage. Les droits des autres héritiers à réserve
» et des autres héritiers ou successeurs, pendant
» cette période de cinquante ans, restent d'ailleurs
» réglés conformément aux prescriptions du Code
» civil. »

Ce sont ces dispositions même de la loi que nous allons étudier; on verra qu'il était important d'en rappeler le texte avant d'en rechercher le sens et l'esprit.

SECTION PREMIÈRE.

DE LA NATURE DU DROIT DU CONJOINT SURVIVANT.

Aux termes du décret de 1810, le droit de l'époux survivant sur la propriété littéraire était qualifié de droit de propriété; mais la doctrine et la jurisprudence étaient d'accord pour ne le considérer que comme un droit d'usufruit.

En est-il de même sous l'empire de la loi de 1866? c'est ce que nous allons examiner.

Cette loi désigne ce droit sous le nom de « jouissance légale » (art. 1, § 2), ce qui signifie usufruit légal; le doute à cet égard n'est point permis en présence des explications fournies au Corps législatif par le rapporteur de la loi, M. Perras; voici en effet comment il s'exprimait : « On a demandé si par cette jouissance nous avons entendu l'usufruit; oui, nous avons entendu l'usufruit et nous l'avons dit très clairement dans le rapport; » et il ajoutait : « La femme n'a qu'un droit de jouissance ou d'usufruit ou, si l'on veut, une propriété grevée de substitution indisponible; c'est absolument la même chose; pendant qu'elle a son droit réduit à la jouissance, il y a derrière elle des nus propriétaires qui sont les enfants (1). » Nous ne ferons pas remarquer tout ce qu'a d'impropre l'expression de propriété grevée de substitution indisponible; il nous suffira de constater que tout le monde était d'accord, lors de la discussion de la loi de 1866, pour reconnaître que le droit de l'époux survivant constituait un véritable usufruit légal.

Nous ne devons pas nous borner à constater quelle est la nature du droit du conjoint; il nous importe également de rechercher les raisons qui ont déterminé le législateur à se servir de l'expression beaucoup trop vague de jouissance légale; ces raisons doivent incontestablement exister; car autrement le

(1) V. *Moniteur* du 25 mai 1866.

législateur n'aurait point hésité à substituer à l'expression de jouissance légale celle plus propre et plus juridique d'usufruit légal. La réponse à cette question se trouve dans les termes même du rapport; voici en effet ce qu'on y lit : « Ce sont des considérations fiscales et de forme qui ont fait mettre les mots simple jouissance à la place du mot usufruit. » Ainsi donc on a évité à dessein, dans la loi, le mot usufruit pour deux raisons : d'abord pour le motif qui avait fait éviter le mot de propriété; et en second lieu pour soustraire le conjoint au paiement des droits de mutation par décès que le fisc n'aurait pas manqué de percevoir s'il s'était agi d'un véritable droit d'usufruit (1). La première de ces raisons se conçoit jusqu'à un certain point : c'est pourquoi nous n'y insisterons pas. Il n'en est pas de même de la seconde; car tout le monde sait que l'administration de l'enregistrement ne se paie pas de mots; si donc elle voit dans le droit du conjoint, bien qu'il soit dénommé sous le nom de jouissance, un droit d'usufruit, elle n'hésitera point à percevoir le droit de transmission d'un usufruit. Il aurait, par conséquent, été bien plus simple de décider en termes formels que l'usufruit du conjoint ne serait pas soumis au droit fiscal proportionnel. Mais, nous dira-t-on, puisque la loi ne soustrait point en termes exprès le conjoint survivant au paiement de ce droit, ce droit doit donc être perçu; nous ne le croyons pas; car la pensée bienveillante du législateur devra être prise en considération; d'ailleurs, la perception de ce droit ne profiterait guère au Trésor, vu l'impossibilité de contrôler l'exacti-

(1) Boissonade (*op. cit.*), p. 254.

tude des évaluations que les parties feraient de cet
usufruit.

Puisque le droit du conjoint survivant est un usufruit, comme tout usufruit suppose une nue propriété,
il en résulte qu'il y a d'autres personnes qui en sont
nus propriétaires; ces nus propriétaires sont les héritiers de l'auteur qui sont appelés à lui succéder
dans l'ordre ordinaire, à moins toutefois que l'auteur
n'ait disposé de son vivant de cette nue propriété
soit par acte entre-vifs soit par disposition de dernière volonté. Ainsi donc, à la mort de l'auteur,
la propriété littéraire se divise, l'usufruit va à son
conjoint s'il survit; la nue propriété va à ses héritiers;
à la mort de la veuve, son usufruit fait retour à
ces derniers qui dès lors, par l'effet de la confusion
qui se produit, possèdent le droit de l'auteur dans
toute son intégralité.

Nous avons vu que, sous l'empire du décret de
1810, le droit des héritiers ne prenait naissance que
le jour du décès de la veuve; il en résultait donc que
la propriété littéraire n'appartenait qu'aux héritiers
de l'auteur qui survivaient à cette dernière. Il n'en
est pas de même depuis la loi de 1866; actuellement,
le droit des héritiers commence en même temps que
celui de la veuve; dès ce moment, ce droit fait
partie de leur patrimoine et ils le transmettent
ensuite à leurs propres héritiers; peu importe donc
qne l'un des héritiers, au profit duquel s'est ouvert
ce droit de nue propriété, n'existe plus au moment
du décès du conjoint survivant; ses héritiers le représentent pour recueillir la part qui lui aurait appar-
tenu s'il avait vécu.

Il peut arriver que les héritiers, le décès du conjoint survenu, n'aient aucun droit à la propriété littéraire; cela se présentera forcément lorsque le conjoint aura survécu cinquante ans à son épouse; dans cette hypothèse, son usufruit aura absorbé la propriété.

Cela nous amène à examiner la question suivante : Le terme de cinquante ans fixé par la loi étant arrivé, le conjoint survivant perdra-t-il irrévocablement son droit d'usufruit? La réponse à cette question n'est point douteuse, car il résulte, d'une manière évidente, des termes de la loi que la durée du droit des héritiers ne peut dépasser le délai de cinquante ans. Mais, nous dira-t-on, il n'est pas juste que la loi, qui a eu pour objet de protéger le conjoint, vienne le dépouiller juste au moment où cette protection lui est le plus indispensable. Nous sommes loin de nous dissimuler la force de cette objection; quoi qu'il en soit, nous croyons qu'on ne peut aller à l'encontre d'un texte formel. Nous ferons remarquer que l'hypothèse que l'on prévoit sera infiniment rare, car il n'arrivera pas souvent qu'un époux survive plus de cinquante ans à son conjoint. On fit cette objection au rapporteur lors de la discussion de cette loi et il résulte du compte-rendu officiel que le Corps législatif ne crut pas devoir la prendre en considération uniquement à cause du motif que nous venons d'indiquer (1).

C'est là une différence qui distingue la loi de 1866 de celle de 1854; en effet, tandis que la loi de 1866 renferme dans une période de cinquante ans et le droit de la veuve et le droit des héritiers, celle de 1854 accordait, après l'auteur, le droit d'abord à la veuve pendant sa vie, puis, elle morte, aux héritiers pen-

(1) V. *Moniteur* du 5 juin 1866.

dant trente ans; il s'ensuivait que, si la veuve vivait quarante ans ou cinquante ans, le droit avait, à partir de la mort de l'auteur, une durée de soixante-dix ou quatre-vingts ans; la loi de 1866 est donc bien moins favorable que sa devancière aux ayants droit de l'auteur.

Le droit du conjoint survivant ne constitue point une réserve; il en résulte que ce droit ne s'ouvre que lorsque l'auteur n'a disposé de sa propriété ni par acte entre-vifs à titre gratuit ou à titre onéreux ni par disposition de dernière volonté; le droit de l'époux reste donc en suspens jusqu'au dernier jour de la vie de l'auteur; jusqu'à ce moment, le survivant n'a qu'une espérance. Il va sans dire que l'auteur peut de son vivant disposer au profit de son conjoint de l'intégralité de son droit de propriété; dans ce cas, ce n'est plus l'usufruit qui est dévolu à ce dernier, c'est la propriété avec tous ses attributs y compris la faculté d'en disposer comme l'auteur le pouvait de son vivant.

Nous venons de voir que l'auteur peut disposer de son droit de propriété; il en résulte que la propriété littéraire est un droit cessible et par conséquent saisissable; ce droit est donc le gage des créanciers de l'auteur. Avant d'aller plus loin, faisons une distinction; les manuscrits ne sont le gage des créanciers qu'autant qu'ils sont destinés à la reproduction; ces derniers n'auraient donc pas le droit de les saisir, si l'auteur ne les destinait pas à la reproduction, et les faire vendre aux enchères. Cela dit, il faut en conclure que le législateur n'a pas voulu constituer à la veuve un avantage au détriment des créanciers de son mari; cela n'a rien que de très logique; en effet,

il ne serait pas juste de soustraire le droit de propriété littéraire à l'action des créanciers, action qu'il
leur était parfaitement loisible d'intenter du vivant
de l'auteur. D'ailleurs, nous ferons remarquer que la
loi n'attribue à la veuve l'usufruit du droit d'auteur
qu'autant que son mari n'en a pas disposé; or, nous
le demandons, n'est-ce point disposer de ses droits
(saisissables bien entendu) lorsqu'on contracte des
dettes ?

Une disposition assez singulière de la loi de 1866
est celle qui décide que : « Si l'auteur laisse des héritiers à réserve, la jouissance du survivant sera réduite
au profit de ceux-ci conformément aux articles 913 et
915 du Code civil. »

Cette disposition a soulevé de nombreuses critiques.
On a prétendu qu'elle était en opposition avec les
articles qu'elle vise, car, a-t-on dit, la réserve n'a
d'effet que vis-à-vis des libéralités faites par actes
entre-vifs ou par testaments; or, ici il ne s'agit ni
d'acte entre-vifs, ni de testament; il n'est question que
d'un droit de succession conféré par la loi; en conséquence, les principes de la réserve ne sauraient s'appliquer à l'usufruit du conjoint survivant.

Ces considérations paraissent, à première vue, bien
fondées; cependant, nous croyons qu'il ne faut point
en exagérer l'importance, et si nous voulons bien
comprendre le but de ces dispositions, il est nécessaire que nous nous rendions compte de l'intention
du législateur. Le législateur ne s'est pas dissimulé
lorsqu'il a concédé au conjoint survivant la jouissance
viagère du droit d'auteur qu'il consacrait là une dérogation à l'ordre des successions; seulement, il a considéré l'avantage qu'il accordait lui-même comme un

avantage fait tacitement par le *de cujus* à son conjoint; partant de cette idée, il était nécessaire de le soumettre aux règles qui régissent les libéralités faites par donation ou par testament; voilà pourquoi il a étendu les règles de la réserve et en a fait l'application au droit de jouissance qu'il créait lui-même. Rien n'était plus simple, rien n'était en même temps plus logique (1).

Nous ferons remarquer que c'est la première fois que l'on voit un avantage légal réductible à la portion disponible, comme le sont les dispositions de l'homme (2).

L'usufruit accordé par la loi est donc sujet à réduction; mais comment opère-t-on cette réduction?

Cette question a été résolue diversement par les auteurs; examinons les solutions qui ont été proposées.

Certains auteurs, tirant argument de ce que la loi de 1866 renvoie aux articles 913 et 915 du Code civil, articles qui se réfèrent aux libéralités par acte entrevifs ou par testament, ont soutenu qu'il était nécessaire de considérer l'usufruit du conjoint comme une véritable libéralité faite par donation, et par conséquent de lui faire application des règles concernant la réduction des donations. Mais il s'agissait de déterminer la date à laquelle il fallait placer cette donation. Sur ce point, les auteurs partisans de cette opinion n'étaient point d'accord; la majorité, avec M. de Folleville, soutenait qu'il fallait la placer à la date de la célébration du mariage (3).

(1) Boissonade *(Op. cit.)*, p 355.
(2) Boissonnade *(Op. cit.)*, p. 355.
(3) De Folleville *(De la prop. littéraire et artistique)*, p. 24.

Nous croyons que ce n'est point là le système de la loi de 1866 ; il ne s'agit ni de considérer l'usufruit légal comme une donation, ni même comme un legs ; le législateur, avons-nous dit, a voulu que le droit des héritiers réservataires fut respecté ; en conséquence, il a permis à ces derniers, toutes les fois que la valeur de ce droit empiète sur la réserve, de le faire réduire dans les proportions fixées par les articles 913 et 915 du Code civil ; pour cela on doit tenir compte de la valeur de ce droit tel qu'on le trouve dans la succession de l'auteur, sans s'inquiéter si on doit l'assimiler à une donation ou à une disposition testamentaire.

Le droit du survivant est réductible, avons-nous dit, suivant les distinctions contenues dans les articles 913 et 915 ; il en résulte que l'article 1094 reste inapplicable, car cet article ayant pour objet de fixer d'une manière différente la quotité disponible, il n'était guère possible d'appliquer concurremment et les articles 913 et 915, et l'article 1094. Cependant ce dernier article est applicable toutes les fois que l'auteur fait une disposition formelle en faveur de son conjoint.

En terminant, nous ferons remarquer combien est peu juridique cette disposition de la loi de 1866 : elle renvoie aux art. 913 et 914 pour faire réduire un avantage entre époux; or, ces sortes de libéralités sont toujours réduites suivant les propositions de l'art. 1094.

SECTION DEUXIÈME

Aux termes de la loi de 1866, ce droit de jouissance appartient non-seulement à la veuve de l'auteur, mais encore au mari veuf d'une femme ayant, pendant sa vie, produit un ouvrage littéraire ou artistique; le doute, à cet égard n'est point possible, car la loi se sert de l'expression de conjoint survivant; au contraire, sous l'empire du décret de 1810, ce droit de jouissance ne profitait qu'à la veuve d'un auteur.

On s'est demandé si la veuve qui avait renoncé à la communauté avait également droit à son usufruit. Cela ne saurait faire de doute, car la loi de 1866 accorde cet usufruit au conjoint indépendamment de toutes conventions matrimoniales; ce droit n'est donc pas un bien de communauté, c'est un gain de survie destiné à assurer la dignité du veuvage.

Nous venons de voir que cet usufruit légal profite à l'époux survivant quel que soit son régime matrimonial; la loi ajoute : « .... indépendamment des droits qui peuvent résulter en sa faveur du régime de la communauté......... » On s'est demandé quel était le sens qu'il convient d'attacher à ces expressions; les solutions qui ont été proposées sont diverses et contradictoires.

D'après certains auteurs, ces expressions signifient que la veuve a un double droit, d'abord comme femme commune et puis comme usufruitière légale; comme femme commune, la femme a la pleine propriété du droit de l'auteur; comme usufruitière, elle a droit à la jouissance que lui concède la loi, jouissance qui, par conséquent, ne porte que sur l'autre moitié du droit; cette seconde moitié revient aux héritiers du *de cujus* à la mort de cette dernière, tandis que l'autre moitié est transmise aux propres héritiers de la femme (1).

D'autres auteurs, au contraire, enseignent que ces expressions ont été employées à dessein afin de bien marquer la différence qui sépare la loi de 1866 du décret de 1810, décret qui n'accordait de droit sur la propriété littéraire qu'à la femme mariée sous le régime de la communauté (2).

Pour se prononcer entre ces deux systèmes, il est nécessaire d'être bien fixé sur la nature du droit de propriété littéraire; ce droit constitue-t-il une valeur mobilière et à ce titre est-il compris dans l'actif de la communauté? Est-ce au contraire un droit propre au mari et par conséquent ce dernier ou ses héritiers ont-ils le droit de le prélever avant tout partage à la dissolution de la communauté?

Cette question nouvelle en jurisprudence et très controversée depuis longues années entre les auteurs vient d'être l'objet d'un important arrêt rendu par la cour de Paris dont nous parlerons plus bas.

Nous allons indiquer brièvement des divers arguments invoqués par les partisans des diverses opinions qui ont été présentées.

Premier système. — Il résulte des dispositions des art. 1401 et 1898 du Code civil que toute valeur

(1) Sic Flourens (Essai sur la loi du 16 juillet 1866) p. 104. — Boissonnade (*Op. Cit.*) p. 354.
(2) Sic Pouillet, (De la propriété littéraire et artistique) n° 184.

mobilière, quelle qu'en soit l'origine ou la cause d'acquisition pour les époux, tombe dans la communauté; la pensée du législateur à cet égard a été exprimée dans la discussion de la loi en des termes qui ne laissent aucun doute; or une production de l'esprit, dès qu'elle est manifestée par une forme extérieure, constitue un bien susceptible de propriété, et soumis dès lors à l'application des règles du droit dont le bénéfice peut-être invoqué par tout intéressé contre l'auteur lui-même; en conséquence, le droit de l'auteur sur son œuvre, s'appliquant à un objet purement mobilier, doit, aux termes de l'art. 517 du Code civil être considéré comme valeur mobilière; à ce titre, ce droit lui-même envisagé dans son principe comme source de produits fait partie de l'actif de la communauté; il ne peut, dès lors, quand celle-ci est dissoute, être traité comme une valeur propre au mari. Ce qui corrobore, ajoute-t-on, ce raisonnement c'est que la loi de 1866 qui forme le code de la propriété littéraire n'a pas entendu établir une dérogation à la règle générale; car il est formellement énoncé dans l'exposé des motifs de cette loi que la nature mobilière, qui a été reconnue au droit d'auteur, fait entrer dans la communauté conjugale, non seulement les produits du droit, mais le droit lui-même; cette idée ne fut contredite par personne dans la discussion; il en résulte que l'intention du législateur a été de faire application de la loi ordinaire au droit d'auteur et par conséquent de l'art. 1401, en matière de liquidation de communauté.

(1) Sic Demolombe, IX, n° 439. — Dijon, 18 février 1870 (Sirey 70, 2, 212), et Paris, 13 mars 1880, confirmant jugement du tribunal civil de la Seine en date du 10 janvier 1878 (Journal du notariat du 12 mai 1880).

Second système. — Il est incontestable que les
bénéfices réalisés avant ou pendant le mariage par la
publication de plusieurs éditions successives doivent
tomber en communauté; il en est de même du prix
de l'ouvrage, s'il est l'objet d'une cession; mais la
propriété littéraire elle-même, le droit de l'auteur
sur son œuvre, le plus personnel, le plus intime de
tous les droits, ne saurait être considéré comme un
meuble ordinaire tombant dans la communauté. En
effet, il est impossible d'admettre cette idée que l'auteur pourra cesser d'avoir sur l'œuvre qu'il a conçue
un souverain pouvoir d'appréciation. Amené par
l'expérience à désavouer un ouvrage de sa jeunesse
qui ne correspond plus à ses idées, l'écrivain a peut-
être pris la résolution de n'en point faire la publication : il est donc nécessaire (et cela est conforme aux
principes de la morale et de la raison) que l'écrivain
ait la libre disposition de son livre. Sinon, qu'arrive-
rait-il? Le mari, chef de la communauté, aurait, sur
les œuvres de sa femme auteur, tous les droits d'administration et d'aliénation prévue par les art.
1421 et suivants du Code civil, la femme n'ayant
aucun droit sur ses œuvres personnelles réputées biens
de communauté; bien plus, si la communauté était
dissoute par la séparation de corps ou de biens, la
liquidation qui en serait la suite autoriserait la vente
publique des œuvres de l'un des époux; le même fait
résultant du même droit se produirait après le décès
de l'un des époux; enfin les créanciers auraient le
droit de saisir les manuscrits et d'en ordonner
malgré l'auteur la reproduction. Ces éventualités
inévitables suffisent pour nous prouver que la propriété littéraire ne doit pas être considérée comme

9

un meuble compris dans l'actif de la communauté.

Telle était d'ailleurs, dans notre ancien droit, l'opinion de Pothier qui mérite d'être rapportée : « Les manuscrits des ouvrages qu'un homme d'esprit a composés ne doivent pas non plus être compris dans l'inventaire; ce sont choses inestimables qui ne sont pas censées faire partie d'une communauté de biens ni même d'une succession (1). » La jurisprudence confirmait alors ces principes (voir arrêts du conseil du 30 août 1777 et 30 juillet 1878).

Ces principes n'ont point été modifiés par le droit intermédiaire; en effet, la loi du 19 juillet 1793 qui règlemente la propriété littéraire la considère comme un « droit exclusif; » il résulte de ces expressions que personne, en dehors de l'auteur et de sa volonté, n'a droit à la propriété de l'œuvre.

L'art. 30 du décret du 5 février 1810 est plus formel encore : « Le droit de propriété est garanti à l'auteur et à sa veuve pendant sa vie. » Cette même expression « veuve » se retrouve dans la loi du 8 août 1844 et dans celle du 8 avril 1864. La loi de 1866 parle également du droit du « conjoint survivant. »

Il résulte donc de tout ce qui précède que l'auteur reste seul et exclusif propriétaire de son œuvre pendant sa vie et que c'est à la condition de son propre décès que sa veuve ou ses héritiers peuvent prétendre au droit limité de jouissance que les lois spéciales concèdent; le droit de l'auteur reste donc en dehors de la communauté laquelle implique une propriété commune (2).

---

(1) Traité de la communauté, n° 682.
(2) Sic Toullier, XII, 116. — Massé, Dr Comm, III, n° 386. — Zachariæ, § 507, texte et note 11. — Pouillet (De la propriété littéraire), n° 184. — Et Fliniaux (Législation et jurisprudence concernant la propriété littéraire et artistique), p. 68.

Ce second système nous paraît préférable, car des arguments invoqués à l'appui du premier aucun ne nous paraît bien sérieux.

En effet, l'argument tiré des art. 1401 et 517 doit être tout d'abord écarté; ce n'est autre chose que la question tranchée par la question; car il s'agit de savoir non pas si la communauté, en principe, comprend toute valeur mobilière appartenant aux époux, mais si la propriété littéraire, par sa nature et par une disposition spéciale, échappe à cette règle. Nous croyons que les partisans du premier système ont méconnu la nature du droit de l'auteur et confondu deux choses absolument distinctes : le droit à la propriété de l'œuvre et le droit aux fruits.

Quant au second argument tiré de l'énonciation contenue dans l'exposé des motifs, nous ferons remarquer, en nous servant des paroles si autorisées du procureur général Dupin, que « l'opinion d'un rapporteur ne peut modifier la loi » ni l'altérer au point de détruire l'économie de sa disposition la plus usuelle.

Nous voilà donc fixé sur la nature du droit de propriété littéraire. Il nous sera dès lors plus aisé de déterminer le sens de l'expression : « Indépendamment des droits qui peuvent résulter en sa faveur du régime de la communauté. »

Il nous est impossible d'admettre avec M. Flourens que la femme ait deux droits, un droit de jouissance comme usufruitière légale et un droit de propriété comme femme commune. Par conséquent, nous croyons que le législateur s'est servi de ces expressions pour bien marquer que l'usufruit légal du droit d'auteur est accordé non-seulement à la femme commune, mais encore à la femme dotale, à la femme séparée de biens. Il est vrai, cette expression venant à la suite de ces mots : « quel que soit le régime matrimonial » était parfaitement inutile; si donc le législateur l'a employée, c'est pour expliquer sa pensée et afin qu'il n'y eût pas de doute sur son intention.

SECTION TROISIÈME

ÉTENDUE DU DROIT DU CONJOINT

La jouissance légale du conjoint survivant ne s'applique qu'au droit de propriété qui a pris naissance du vivant de l'auteur. Il en résulte que le droit du survivant ne saurait frapper les manuscrits que l'auteur a laissés en mourant, auxquels il n'a pas donné le jour et qui, par conséquent, n'auraient pas donné naissance à son droit de propriété. Le conjoint n'aurait donc pas le droit de prétendre aux bénéfices produits par la publication de ces manuscrits.

Cependant il pourrait se présenter des cas où le conjoint pourrait réclamer sa part dans les sommes résultant de la vente ou de la publication des manuscrits; cela se produira lorsque les deux époux sont mariés sous le régime de la communauté, s'il s'agit d'un manuscrit dont la publication préparée par l'auteur de son vivant n'a été arrêtée que par sa mort; il serait évidemment injuste que cette circonstance toute fortuite privât le conjoint d'une valeur qui devait être considérée comme acquise à la communauté.

Nous allons même jusqu'à décider que les héritiers du *de cujus* n'auraient pas le droit, du moins sans raison légitime, d'empêcher la publication d'un ouvrage qui avait été préparée par l'auteur, ni, par suite, de priver le survivant de sa part dans les produits de cette publication.

On s'est demandé si cette règle s'applique également aux œuvres d'art inédites.

Non évidemment, car l'œuvre d'art doit être considérée comme éditée sitôt qu'elle est achevée ; par conséquent, l'usufruit du conjoint survivant devra s'étendre même aux œuvres d'art inédites. Cependant s'il résultait des circonstances que cette œuvre est demeurée à l'état d'ébauche, s'il était démontré que l'artiste n'avait pas la volonté de la livrer à la publication, les héritiers du *de cujus* seraient en droit d'exiger qu'elle fût gardée inédite et, par conséquent, qu'elle fût exclue de la jouissance du conjoint survivant.

SECTION QUATRIÈME

EFFETS DE CE DROIT

Nous avons dit que le droit du conjoint survivant était un droit d'usufruit ; il en résulte que celui-ci ne pourra faire que les actes permis à un usufruitier ; il ne pourra donc pas aliéner le droit de propriété lui-même, il devra simplement en jouir en bon père de famille ; enfin il faudra qu'à sa mort les héritiers de l'auteur retrouvent la propriété qui leur appartient.

Mais pourra-t-il autoriser tel nombre d'éditions qu'il lui plaira sans l'assentiment des héritiers du *de cujus* et pourra-t-il toucher le prix de la vente de ces éditions?

Les éditions d'une œuvre constituent des fruits pour ainsi dire presque périodiques; comme l'usufruit ici est presque semblable à ce qu'il est en matière de créances, il en résulte qué l'époux survivant a le droit d'autoriser toutes les éditions qu'il lui plaira et de toucher le prix intégral de ces éditions.

Cependant, s'il a autorisé la publication de l'œuvre à un si grand nombre d'exemplaires qu'il absorbe ou détruise le droit lui-même, il est clair qu'il a outre-passé ses droits et qu'il sera tenu à des dommages-intérêts.

De même, si, au lendemain de la cession d'une édition, la veuve venait à mourir subitement, les héritiers de l'auteur rentreraient dans la plénitude de leurs droits; comme ils ne pourraient avoir le droit de faire paraître une édition nouvelle en concurrence avec la première, il faut nécessairement leur reconnaître le droit de réclamer aux héritiers du conjoint survivant une part des sommes à lui provenant dans la cession de l'édition qu'il a autorisée.

Il est évident que le conjoint survivant aurait le droit avec le consentement des héritiers nus propriétaires de céder le droit dans son entier.

Le conjoint survivant est libre de disposer de son usufruit légal, soit à titre onéreux, soit à titre gratuit. Il pourait même y renoncer; dans cette hypothèse, il s'opérerait au profit des nus propriétaires une confusion qui ne se serait réalisée qu'à la mort de l'usufruitier, si les choses avaient suivi leur cours normal.

Nous pensons même que l'usufruit du conjoint est un droit saisissable; pour qu'il en fût autrement, il faudrait dans la loi une disposition formelle et cette disposition n'existe pas.

SECTION CINQUIÈME

CAUSES D'EXTINCTION DE CE DROIT

L'usufruit légal du conjoint survivant est soumis à deux causes d'extinction : 1° Les secondes noces, et 2° la séparation de corps.

On pourrait critiquer la première cause d'extinction, car souvent un second mariage s'impose au veuf ou à la veuve.

Quoi qu'il en soit, le législateur n'a pas voulu conserver au conjoint remarié un droit qu'il ne devait qu'à sa qualité de veuf; mais il dépend de la volonté de l'auteur d'effacer, soit par testament ou autrement, cette condition résolutoire.

Il nous sera permis de placer ici une observation. Qu'arrivera-t-il si, au lendemain de la cession qu'il a faite de son droit à un éditeur, le conjoint vient à convoler à de secondes noces? Il est évident que les héritiers nus propriétaires vont rentrer dans la plénitude de leurs droits. En conséquence, l'éditeur n'aura pas le droit de publier l'œuvre qui lui a été cédée; il n'aura qu'à se plaindre à lui-même de ce qui lui arrive, puisqu'il connaissait le titre précaire de son cédant; il n'aura donc contre ce dernier qu'une action en dommages-intérêts.

Passons maintenant à la seconde cause d'extinction ; la séparation de corps, quels que soient les motifs qui l'ont fait prononcer, prive l'époux contre lequel elle a été prononcée de son droit de jouissance.

Mais l'époux offensé peut détruire les effets de la loi en rendant par testament à son conjoint les avantages que sa faute lui avait fait perdre.

En terminant, examinons la question de savoir si le mariage putatif fait acquérir au conjoint qui est de bonne foi le droit de survie qui nous occupe en ce moment. .

Si le mariage putatif a été annulé du vivant de l'auteur, il est évident que cet usufruit ne peut appartenir au conjoint survivant, car au moment de la mort de l'auteur il n'a plus la qualité d'époux. Si, au contraire, le mariage n'est annulé qu'après la mort de l'auteur, il a complètement droit à l'usufruit légal établi par la loi de 1866.

CHAPITRE TROISIÈME

Du droit spécial de succession accordé au conjoint d'un déporté.

Une loi récente, votée le 25 mars 1873, est venue déterminer, avec plus de précision que ne l'avait fait la loi du 8 juin 1850, les conditions dans lequelles les condamnés à la déportation subiraient désormais leur peine à la Nouvelle-Calédonie.

Aux termes de cette loi. les condamnés peuvent obtenir des concessions de terre; ces concessions peuvent leur être données immédiatement s'ils sont condamnés à la déportation simple; si, au contraire, ils sont condamnés à la déportation dans une enceinte fortifiée, la concession ne peut leur être accordée qu'après cinq ans de conduite irréprochable; la concession devient définitive cinq ans après la concession provisoire lorsque le déporté s'est bien conduit.

Cette même loi de 1873 a eu également pour objet d'encourager les femmes des déportés à aller s'établir auprès de leur mari dans la colonie pénitentiaire; c'est dans ce but qu'elle a offert des avantages considérables à la femme « qui, selon M. Jules Favre, est allé rejoindre son mari dans le lieu d'expiation, s'est exilée avec lui, rompant tous ses liens de parenté et ses attaches naturelles, qui l'a encouragé dans ses fatigues et ses misères en les partageant, l'a préservé de mauvaises pensées, a été enfin auprès de lui la condition de l'espérance et du retour vers le bien (1). »

L'étude de ces avantages est facile si l'on a soin d'examiner séparément la condition faite à la veuve du déporté dans deux hypothèses bien distinctes : la première est celle où le déporté est mort avant que la succession provisoire de terre qu'il a reçue soit devenue définitive; l'on suppose dans la seconde qu'il n'est mort qu'après que la concession a pris un caractère définitif.

Tout d'abord, nous ferons remarquer que les dispositions de la loi de 1873 ne sont point spéciales aux veuves, mais s'appliquent également aux hommes qui ont suivi leurs femmes condamnées (2).

(1) V. *Officiel* du 20 mars 1873.
(1) Boissonade (*Op. cit.*), p. 362.

Première hypothèse. — Le déporté meurt durant les cinq ans qui s'écoulent entre la concession provisoire et la concession définitive.

Aux termes de l'article 11, le conjoint et les descendants du *de cujus* peuvent, dans ce cas, être autorisés à continuer la possession jusqu'à l'expiration des cinq ans; une fois le délai expiré, ils deviennent propriétaires des terres concédées en accomplissant les conditions qui leur sont imposées par l'acte de concession.

Deuxième hypothèse. — Le déporté meurt après que la concession est devenue définitive.

Aux termes de l'article 13, les biens laissés par le déporté faisant partie de la concession sont attribués à ses héritiers selon les règles du droit commun.

C'est dans cette hypothèse que le législateur fait au conjoint survivant une condition préférable à celle qui résulterait pour lui de l'application des règles de droit commun; nous allons examiner les différents cas qui peuvent se présenter.

(*a*) Le déporté est décédé sans laisser des enfants légitimes.

Si on apliquait les principes du droit civil, le survivant ne viendrait recueillir les biens laissés par le *de cujus* qu'en l'absence de toute famille légitime et naturelle. Mais aux termes de l'article 13, il succède en pleine propriété à la moitié des biens faisant l'objet de la concession ainsi que des autres biens acquis par le déporté dans la colonie.

(*b*) Le déporté est décédé en laissant des descendants légitimes.

Aux termes de ce même article 13, le survivant succède en usufruit au tiers de ces mêmes biens.

Il est évident que les biens possédés en France par le condamné restent régis par les lois ordinaires sur les successions.

M. Jules Favre avait déposé une proposition ayant pour objet de considérer l'époux survivant comme un héritier proprement dit afin de le soustraire à l'obligation de demander l'envoi en possession; il est à regretter que sa proposition n'ait pas été adoptée. L'époux est donc considéré comme un successeur irrégulier et comme tel tenu de demander la délivrance, ce qui sera presque toujours fort long et fort coûteux, puisque, dans la plupart des cas, les héritiers du *de cujus* seront domiciliés en France.

Pour que le conjoint survivant puisse avoir droit aux avantages qui lui sont conférés par la loi de 1873, il est de toute nécessité qu'à la mort du *de cujus* il habite avec lui; mais il est bien évident qu'une absence momentanée coïncidant avec la mort du déporté ne pourrait point avoir pour résultat de faire perdre au survivant son droit de succession.

Le décret du 10 mars 1877 est venu apporter quelques modifications de peu d'importance aux dispositions contenues dans les articles 11 et 13 de la loi de 1873. Ainsi aux termes de ce décret le conjoint est dispensé de fournir caution pour l'usufruit auquel il a droit, lorsqu'il existe des descendants légitimes; il peut même être admis de plein droit au bénéfice de l'assistance judiciaire, mais seulement pour la poursuite des droits énoncés à l'article 13. Ce même décret règle certaines questions de détails concernant la procédure de l'envoi en possession.

LÉGISLATIONS ÉTRANGÈRES

Avant de passer à l'examen du projet de réforme, il ne sera pas inutile, croyons-nous, de donner un court aperçu des législations contemporaines étrangères sur le point particulier qui nous occupe.

Nous ne nous proposons point d'examiner séparément chacune de ces législations; un pareil travail nous semble sortir du cadre ordinaire d'une thèse de doctorat; nous allons simplement nous borner à les grouper selon la nature et l'étendue des droits qu'elles confèrent au conjoint survivant.

Premier groupe. — Les législations de la Belgique, du canton de Genève et du canton de Fribourg sont les seules législations qui n'attribuent aucun droit à l'époux survivant sur la succession du prédécédé et ne lui permettent de venir que par préférence au fisc.

Deuxième groupe. — Dans le grand-duché de Bade, dans les îles Ioniennes, en Serbie et dans les cantons de Bâle-ville, des Grisons et de Soleure, le conjoint à droit à un simple usufruit dont la quotité varie selon la qualité des héritiers avec lesquels il est appelé à concourir.

Dans le canton du Valais, le droit du conjoint consiste bien, comme dans les législations précédentes, en un usufruit; mais, à la différence de ces législations ce droit est une part réservée.

Troisième groupe. — Dans certains états, on considère l'époux survivant comme un héritier légitime et on lui donne un droit de propriété même quand il est en concours avec des enfants. Telle est la solution adoptée par les législations du duché de Brunswick, de la ville de Hambourg, du Hanovre, de Hollande, de Norwège, de Portugal et de Roumanie.

Il en est de même en Danemark, en Russie, dans l'ancien royaume de Saxe, en Turquie et dans les cantons de Berne et de St-Gall; seulement dans ces divers pays, la part du conjoint constitue une réserve.

Quatrième groupe. — Enfin, il est d'autres législations qui confèrent à l'époux, suivant les cas, ou un droit de propriété ou un droit d'usufruit : un droit d'usufruit, lorsqu'il concourt avec des enfants légitimes, dans les autres cas, une part de propriété croissant avec l'éloignement des parents. C'est la solution admise dans le droit commun Allemand, en Angleterre, en Autriche, dans le royaume de Bavière, en Espagne, en Grèce, en Suède et dans les cantons de Neufchatel, du Tessin et de Vaud.

En Italie, en Prusse, à Francfort, dans l'ancien duché de Varsovie, dans le royaume de Wurtemberg et dans les cantons d'Appenzell et de Lucerne, on confère également au conjoint soit un droit de propriété, soit un droit d'usufruit, suivant les cas; mais dans ces pays la portion attribuée à l'époux est une réserve.

Nous nous sommes borné, comme on vient de voir, à donner un aperçu des législations européennes. Parmi les autres législations, il n'y a guère que celles

de l'Amérique qui méritaient de fixer notre attention;
cependant nous avons jugé inutile de nous en occuper;
car les législations de l'Amérique du nord, au moins
sur notre matière, à l'exception cependant de la
Louisiane et du Canada qui ont adopté des codes
civils analogues au nôtre, diffèrent très peu de la
législation anglaise; quant à l'Amérique du sud, ses
législations sont une image fidèle des législations
espagnole et portugaise (1).

(1) Boissonnade (*Op. Cit.*), p. 487.

DU PROJET DE RÉFORME

L'étude du projet de réforme sera divisée en trois parties : dans la première, nous ferons l'historique; dans la deuxième, nous rechercherons si les améliorations proposées sont opportunes et nécessaires; enfin, dans la troisième, nous examinerons et apprécierons les principales dispositions contenues dans le nouveau projet de loi.

PREMIÈRE PARTIE

Historique.

Nous avons vu que le législateur de 1804 a fait au conjoint survivant une situation dérisoire; il lui a accordé seulement le droit de primer le fisc. Il faut cependant reconnaître que la condition faite au conjoint au titre des successions n'a point été l'effet de l'hostilité raisonnée des membres du Conseil d'Etat; car les travaux préparatoires prouvent qu'elle eût pour cause une étrange inadvertance. Voici, en effet, si nous en croyons Fenet (1), ce qui se passa au Conseil d'Etat dans la séance du 9 nivôse an XI:

Les art. 55 et 60 du projet (767 à 775 du Code) venaient d'être votés; M. Malleville fit alors observer

(1) Tome 12, p. 38.

que l'on avait omis, dans le chapitre des « successions irrégulières, » une disposition reçue par la jurisprudence qui conférait un gain de survie au conjoint pauvre survivant. M. Treilhard répondit que « le conjoint était appelé à l'usufruit du tiers des biens en vertu de l'art. 55. »

La réponse de Treilhard contenait une double erreur : d'abord une erreur sur le numéro de l'article cité qui n'a pas le moindre rapport à la substance de la réponse; Treilhard voulait parler de l'art. 40 du projet (art. 754 du Code) qui accorde au survivant des père et mère sur les biens d'un enfant prédécédé l'usufruit d'un sixième (et non pas d'un tiers). De plus, la réponse de Treilhard ne concordait avec l'observation de Malleville; celui-ci parlait des droits du conjoint survivant et le premier lui répondait en parlant des droits accordés aux père et mère.

Ce qui est surprenant, c'est que le Conseil d'Etat se contenta de la réponse de Treilhard, et de cette façon l'époux se trouva privé d'un droit d'usufruit que tout le monde lui reconnaissait d'autant mieux qu'on croyait l'avoir déjà donné.

Les jurisconsultes et les publicistes ne tardèrent point à se préoccuper de cette situation bizarre faite à l'époux survivant.

En 1846 parut un savant mémoire qui fut couronné par l'Institut; l'auteur de ce mémoire, M. Laboulaye, se prononçait énergiquement pour une réforme.

Mais ce n'est qu'en 1851 que la position de l'époux survivant fut l'objet d'une proposition législative. M. Bourzat demandait que le conjoint, lors-

qu'il était indigent, fut appelé à une part d'enfant
en usufruit, au maximum d'un quart en face de descendants, et à un quart en propriété dans tous les
autres cas; ce droit de succession devait constituer
une réserve. La proposition Bourzat fut prise en considération; mais la commission, chargée de l'examiner, tout en se montrant favorable à l'idée d'améliorer le sort du conjoint survivant, conclut, par
l'organe de M. Victor Lefranc, à ce que l'on accordât
à l'époux, qui serait dans le besoin, une pension
alimentaire à prendre dans la succession du conjoint
précédé; ces aliments ne devaient jamais dépasser
l'usufruit de la portion disponible. Les événements
de décembre 1851 empêchèrent que le rapport ne fût
discuté.

Sous l'Empire, les Chambres ne furent saisies
d'aucun projet de loi ayant pour objet de modifier
l'art. 767. Cependant, la discussion de la loi de 1866,
sur la propriété littéraire permit de constater les dispositions favorables du législateur à l'endroit du conjoint survivant. Lors de cette discussion, certains
membres du Corps législatif émirent le vœu qu'un
projet de réforme de l'art. 767 fût mis à l'étude; mais
il ne fut pas donné suite à ce vœu.

A la même époque, parut un mémoire sur la question dû à M. le professeur Rodière (1); le savant
auteur pensait qu'il n'y aurait point de difficulté à
faire concourir le conjoint avec les frères et sœurs
du *de cujus*, mais seulement après les ascendants et
lui conférait une part en pleine propriété.

En 1871, l'Institut décerna le prix Bordin à
M. Boissonade pour son mémoire intitulé « *Histoire*

des droits de l'époux survivant; » le savant professeur se prononçait lui aussi énergiquement en faveur
d'une réforme de l'art. 767; il proposait de régler
ainsi qu'il suit les droits de succession du conjoint
survivant : lorsque le défunt aurait laissé des héritiers à réserve, le conjoint aurait eu l'usufruit de la
portion disponible; à défaut d'héritiers à réserve, il
aurait eu l'usufruit de tous les biens; enfin, il aurait
eu la saisine et par conséquent aurait été assimilé à
un héritier légitime.

S'inspirant de ces idées, M. Delsol déposa à l'Assemblée nationale, le 21 mai 1872, un projet de
réforme dans ce sens; il proposait de modifier ainsi
qu'il suit les art. 753, 755, 758 et 767 du code (1) :

« Art. 753. — A défaut de frères ou sœurs ou
descendants d'eux, et à défaut d'ascendants, dans
l'une ou l'autre ligne, la succession est déférée pour
moitié aux ascendants survivants et pour l'autre moitié
aux parents les plus proches de l'autre ligne, *sauf ce
qui sera dit ci-après pour le conjoint survivant.* »

« Art. 755. — Les parents au-delà du deuxième
degré ne succèdent pas. A défaut de parents au degré
successible dans une ligne, les parents de l'autre
ligne succèdent pour le tout. *Dans le cas où le défunt
laisse son conjoint, celui-ci succède à la moitié des
biens s'il n'y a pas eu contre lui de jugement de séparation de corps et que les parents soient au-delà du
sixième degré.* »

« Art. 758. — L'enfant naturel a droit à la totalité des biens lorsque ses père ou mère ne laissent pas

---

(1) Nous avons souligné tout ce qui appartient au projet de M. Delsol;
ce qui est imprimé en caractères ordinaires représente le texte actuel des
articles cités.

de parents au degré successible, *ni de conjoint sur-vivant.* »

« Art. 767. — § 1 Lorsque le défunt ne laisse ni parents au degré successible, ni enfants naturels, les biens de sa succession appartiennent *pour le tout* au conjoint qui lui survit *et contre lequel il n'y a pas eu de jugement de séparation de corps. § 2. Dans tous les cas, le conjoint survivant a, sur les biens de l'époux décédé un droit d'usufruit réglé ainsi qu'il suit. § 3. Si le défunt laisse des enfants communs, l'époux qui survit a l'usufruit d'une part d'enfant légitime, sans que cette part puisse être moindre que le quart des biens. § 4. Si le défunt laisse des enfants d'un précédent mariage, l'usufruit sera d'une part d'enfant légitime le moins prenant, sans que cette part puisse excéder le quart des biens. § 5. S'il n'y a pas d'enfant et que l'époux n'ait pas le droit de concourir avec les héritiers légitimes, l'usufruit sera de la moitié de la succession. § 6. Néanmoins, l'usufruit ne pourra être réclamé par l'époux contre lequel la sépa-ration de corps aura été prononcée et il cessera dans le cas d'un second mariage.* »

Telle est l'économie de ce projet de loi qui fut pris en considération dans la séance du 21 mars 1873.

Sur la demande de M. Sacaze, président de la commission chargée d'examiner ce projet de loi, les Cours d'appel et les facultés de droit furent chargées de donner leurs appréciations; le résumé des opinions ainsi recueillies fut présenté à l'Assemblée Nationale dans deux remarquables rapports déposés par MM. Humbert et Sébert, les 29 et 30 décembre 1875. Les facultés de droit qui ont donné leur avis ont toutes en principe été favorables à l'idée d'une réforme, tout en proposant des solutions diverses. La même unanimité n'a pas existé parmi les Cours, car la Cour de Cassation et les Cours d'appel d'Aix, Bordeaux, Bourges, Limoges, Montpellier, Paris, Poitiers et Rennes ont émis l'avis qu'il y avait lieu de repousser dans son entier la proposition Delsol.

Les lois politiques soumises à l'Assemblée Nationale l'empêchèrent d'aborder la discussion de cette proposition.

A peu près à la même époque, les revues judiciaires publiaient plusieurs savantes dissertations sur ce sujet; toutes se prononçaient énergiquement en faveur de la réforme des dispositions de l'article 767; nous citerons notamment celle de M. Morillot (De la Condition juridique du conjoint survivant); celle de M. Duvergey (Etude sur le projet de M. Delsol) (1); celle de M. le président Maîtrejean (Etude sur le projet Delsol); celle de M. le président Bonnet (Etude sur les Droits du conjoint survivant) (2), et enfin celle de M. Bazot (Des Droits de l'époux survivant sur la succession du prédécédé) (3).

M. Delsol, avec une persévérance qui l'honore, présenta de nouveau son projet de loi au Sénat, le 13 juin 1876, et une commission fut nommée pour l'examiner; le projet amendé, et bien différent de ce qu'il était lorsqu'il fut déposé à l'Assemblée Nationale, fut enfin voté par le Sénat le 9 mars 1877; il est en ce moment soumis à l'examen de la Chambre des députés.

Voici le texte de ce projet de loi tel qu'il a été

(1) *Revue Critique de législation*, I, 1871, 1872, p. 516.
(2) *Revue Crit.*, III, 1873, 1874, p. 193.
(3) *Revue Crit*, III, 1873, 1874, p. 423.

voté par le Sénat, qui a substitué à l'article 767 un texte en douze paragraphes ainsi conçus :

« § 1. Lorsque le défunt ne laisse ni parents successibles, ni enfants naturels, les biens de la succession appartiennent en toute propriété au conjoint qui lui survit;

» § 2. Dans tous les cas où le conjoint ne succède pas à la pleine propriété, il a sur les biens du prédécédé un droit d'usufruit réglé ainsi qu'il suit :

» § 3. Si le défunt laisse un ou plusieurs enfants issus du mariage, le conjoint a l'usufruit du quart des biens;

» § 4. Si le défunt laisse des enfants nés du précédent mariage, l'usufruit du conjoint s'exerce sur une part d'enfant légitime le moins prenant, sans que cet usufruit puisse frapper plus du quart des biens;

» 5. Si le défunt laisse des parents autres que des enfants légitimes, le conjoint a, quel que soit leur nombre et leur qualité, l'usufruit de la moitié des biens;

» § 6. L'époux survivant n'a droit que sur les biens dont le prédécédé n'aura disposé ni par actes entre vifs, ni par acte testamentaire et sans préjudice du droit des héritiers, auxquels une quotité de biens est réservée et des droits de retour déterminés par la loi; sur le montant de leurs droits respectifs, l'époux et les héritiers seront tenus d'imputer les libéralités provenant du défunt directement ou indirectement;

» § 7. Dans le cas prévu par l'article 754, l'usufruit du père ou de la mère ne s'exerce qu'après celui du conjoint;

» § 8. L'usufruit de l'époux survivant pourra être converti en une rente viagère sur la demande d'un ou de plusieurs héritiers du prédécédé, à la charge par eux de fournir des garanties suffisantes;

» § 9. Le conjoint ne succède ni en propriété, ni en usufruit lorsqu'il existe contre lui, au moment du décès, un jugement de séparation de corps passé en force de chose jugée;

» § 10. En cas de nouveau mariage, l'usufruit cesse si le défunt a laissé des enfants;

» § 11. La succession du prédécédé doit des aliments au conjoint survivant qui est dans le besoin. Ces aliments sont réglés eu égard à la valeur de la succession, au nombre des successeurs et à la qualité du conjoint prédécédé. Le règlement ne peut être ultérieurement modifié vis-à-vis de la succession du conjoint prédécédé. Il peut l'être à l'égard du conjoint survivant qui cesse d'être dans le besoin;

« § 12. Les dispositions qui précèdent, en ce qui concerne l'usufruit, cesseront de recevoir leur application toutes les fois que les droits du conjoint survivant auront été réglés, soit par contrat de mariage, soit par donation entre époux, soit par testament. »

DEUXIÈME PARTIE

De l'opportunité et de la nécessité du projet de réforme.

Il a toujours été généralement admis que le mariage crée entre les époux une obligation d'assistance mutuelle qui doit en régir toutes les périodes; on ne saurait nier que le veuvage est une de ces périodes, incontestablement la plus critique et celle à laquelle il est essentiel de pourvoir; il serait donc injuste que le survivant ne trouvât pas, lorsqu'il est resté seul et qu'il devient vieux ou infirme, quelque secours dans la fortune laissée par le prémourant.

Il faut convenir que le système, suivi en cette matière par notre code civil, est peu satisfaisant, puisque les seuls droits concédés au survivant sur la succession du prédécédé consistent dans l'aptitude à recueillir cette succession si le *de cujus* ne laisse « ni parents au degré successible, ni enfants naturels.» Aucun droit successif sérieux n'est donc attaché dans notre législation à la qualité d'époux, puisqu'il faudra une circonstance extraordinaire, l'absence de toute famille, pour que le survivant succède au prédécédé.

Examinons maintenant de plus près les conséquences qu'engendre ce système; supposons un mariage dissous prématurément par le prédécès du mari; celui-ci était riche et d'une position élevée; au contraire, la femme était pauvre; ils n'ont point adopté le régime de la communauté (et cela se voit tous les jours en cas de disproportion entre la fortune des deux époux); si le prémourant n'a eu ni le temps ni la pensée d'assurer par une disposition expresse le sort de son épouse, celle-ci, dont la fortune personnelle est nulle, tombe, sans transition aucune, dans la détresse et la pauvreté. S'il y a des enfants de ce mariage, la femme retrouvera peut-être dans le devoir et l'affection de ses enfants quelques-uns des avantages qu'elle a perdus par la mort de son mari. Mais il arrivera parfois que son union soit stérile; dans ce cas, elle se verra éconduite de la maison de son mari par des collatéraux éloignés, quelquefois inconnus au défunt, qui se partageront une succession sur laquelle ils n'avaient peut-être jamais compté.

Est-il juste de préférer ainsi à l'époux, qui a parfois entouré de ses soins le conjoint qu'il vient de perdre, des parents qui sont quelquefois au huitième, au dixième, au douzième degré? Lorsque la mort brise le lien qui unissait deux époux, est-il équitable que celui qui survit devienne pour lui un étranger? « Ne sera-ce pas le plus douloureux spectacle à voir que cette espèce de déchéance et de déclassement qui le fera soudainement passer, d'une position aisée et même riche peut-être, dans un état de malaise et de pauvreté? N'y a-t-il pas là comme un outrage fait à la mémoire de l'époux prédécédé qui semble se survivre encore dans cette autre moitié de lui-même? (1) » « *Vidua adhuc corruscat radiis mariti,* disait-on autrefois..... Cette belle parole n'est donc plus aujourd'hui qu'une ironie amère? (2) »

Incontestablement, l'époux survivant ne sera pas toujours condamné à mener une existence amoindrie; car souvent sa fortune personnelle ou les libéralités du *de cujus* lui assureront une situation convenable; mais nous ferons remarquer que ce n'est là qu'une hypothèse et, si l'on veut apprécier d'une manière impartiale la valeur d'un système, il est nécessaire d'envisager toutes celles qui peuvent se présenter.

La loi est donc en défaut; examinons s'il ne serait pas possible de la modifier pour la rendre plus équitable.

(1) Demolombe, xiv, p. 257.
(2) Duvergey (*Revue critique,* i, 1871-1872), p. 521.

On admet généralement que le législateur a fait de la loi des affections présumées la base de notre système successoral; dès lors, comment admettre que l'époux, qui avait peut-être la première place dans le cœur du prédécédé, ne soit pas préféré à des collatéraux éloignés? Mais, nous dira-t-on, le législateur doit non-seulement prendre en considération la loi des affections présumées; il doit encore se préoccuper de conserver les biens dans les familles. Cela est vrai, nous le reconnaissons; mais nous ferons remarquer que cette objection ne saurait être faite toutes les fois qu'il y a des enfants du mariage; car, dans ce cas, les biens qui auront été distraits du patrimoine du *de cujus* reviendront nécessairement à ces enfants à la mort de l'époux survivant. D'ailleurs, il serait très facile au législateur d'assurer le sort du conjoint survivant sans violer le principe de la conservation des biens dans les familles; il n'aurait qu'à concéder une portion héréditaire en usufruit.

Nous avons montré tous les inconvénients qui sont la conséquence du système suivi en cette matière par le code civil, inconvénients qui démontrent impérieusement la nécessité d'une réforme; cependant, le système de l'art. 767 a trouvé de nombreux partisans; il ne nous est point permis de passer outre sans peser la valeur des objections qui ont été faites au projet de réforme.

Nous ferons tout d'abord remarquer qu'en supposant toutes les objections que nous allons examiner parfaitement fondées, il est difficile d'expliquer pourquoi le législateur préfère au survivant des époux la famille naturelle du prédécédé; il n'y a évidemment aucun intérêt à favoriser cette famille; nous disons même qu'il y a, dans cette préférence qu'on lui accorde sur le conjoint, quelque chose d'humiliant pour l'époux.

(*a*) Rien n'est plus inopportun, objectent les adversaires du projet de réforme, que d'introduire une réforme dans notre droit successoral, cette partie de nos lois qui se rattache d'une manière toute intime à l'intérêt des familles et à l'ordre dans l'Etat; car notre temps, ajoute-t-on, est profondément troublé; s'il peut devenir un jour nécessaire de modifier notre loi successorale, il est préférable de procéder par voie de révision générale plutôt que par des intercalations partielles (1).

Nous sommes loin de nier la gravité de ces considérations, mais il ne faut rien exagérer.

D'abord nous ferons observer que la réforme proposée n'a nullement pour objet de renverser notre système successoral; bien au contraire, elle n'a pour but que de réparer une erreur commise par ses auteurs.

D'ailleurs, on a fait, croyons-nous, quelques bonnes lois, même de nos jours, en procédant par voie d'intercalations. Pourquoi donc, alors que l'on a modifié plusieurs articles de notre Code civil, vouloir se résigner aux inconvénients de l'art. 767 ?

Enfin, nous ferons remarquer que les auteurs même du Code ont prévu qu'il pourrait recevoir plus tard quelque modification. Voici, en effet, comment s'exprimait Bigot-Préameneu au Corps législatif : « Ce serait méconnaître la faiblesse attachée à l'humanité,

---

(1) Rapport fait à la Cour de cassation par M. le conseiller Beaudouin. v. *Officiel* du 13 mars 1876, p. 1766.

si on supposait que le Code civil ne sera pas susceptible d'améliorations. »

Cette première objection tirée de l'inopportunité de la réforme une fois écartée, il nous reste à examiner les divers arguments fournis par les adversaires du projet.

(b) La nécessité d'une réforme n'existe pas, a-t-on dit; car les époux ont deux moyens d'assurer leur avenir réciproque : soit en adoptant le régime de la communauté, soit en ayant recours à des dispositions de dernière volonté par contrat de mariage ou par donation et testament.

Nous ferons observer que le régime de la communauté n'a point pénétré dans toute la France; il serait donc injuste de punir ceux que les traditions ont portés à adopter un autre régime. D'ailleurs, même dans les pays où le régime de la communauté est généralement adopté, lorsqu'il y a disproportion entre la fortune des deux conjoints, on adopte presque toujours un autre régime. Bien plus, la communauté peut n'avoir pas été fructueuse, et, dans ce cas, il n'y aura rien à partager.

Quant à la possibilité d'assurer le sort du survivant par des dispositions de dernière volonté, il est bien vrai qu'elle existe; mais il ne faut pas oublier que le législateur a multiplié les causes de nullité des donations et des testaments pour arriver à la succession *ab intestat* qu'elle préfère.

Nous ferons enfin remarquer que les contrats de mariage ne contiennent pas toujours des stipulations au profit du survivant, car ces stipulations sont irrévocables, ce qui constitue pour l'époux un empêchement de révoquer la libéralité s'il vient plus tard à avoir un sujet de mécontentement contre son conjoint.

(c) La loi des affections présumées, ajoutent les adversaires du projet, est bien la base de notre système héréditaire; mais l'affection conjugale n'est point comme celle qui découle de la communauté d'origine une affection régulière; elle est trop mobile pour que la loi ait pu en faire la base d'un droit successoral.

Cet argument nous paraît beaucoup trop spécieux; nous reconnaissons, il est vrai, que l'affection conjugale est soumise à des excès comme à des défaillances; mais ce sont là des cas très rares et la loi doit bien plutôt présumer entre les époux l'affection que la haine. D'ailleurs, pour parer aux cas exceptionnels où l'un des époux a méconnu ses devoirs vis-à-vis de l'autre, il suffit que la vocation héréditaire dont il s'agit ne constitue pas une réserve.

(d) Les adversaires du projet ajoutent qu'il est inutile de faire une loi en vue des cas assez rares ou le survivant restera privé de ressources en présence d'une opulente succession de son conjoint; car presque toujours le prémourant aura assuré le sort du survivant par des dispositions de dernière volonté.

Puisque l'on convient que les donations et les testaments sont un moyen de remédier aux défectuosités de la loi, nous le demandons, n'est-il pas plus simple de corriger la loi elle-même pour arriver à la succession *ab intestat ?*

D'ailleurs, il est faux de dire que les cas où le survivant restera dénué des ressources seront assez rares; car il peut arriver que le testament ou la donation, s'il en a été fait, soient annulés; cela se présentera assez souvent parce que le législateur a

multiplié les causes de nullité des donations et testaments. Il peut également arriver que le testament
fait par le prédécédé soit perdu; souvent même le
prémourant n'aura pas pu faire des dispositions de
dernière volonté, parce qu'il aura perdu longtemps
avant sa mort l'usage de ses facultés intellectuelles;
dans tous ces cas, exceptionnels si l'on veut mais
assurément beaucoup trop fréquents, le survivant
n'aura aucune part dans la succession de son conjoint. Ces circonstances inévitables démontrent suffi-
samment, croyons-nous, la nécessité de la réforme.

Et lors même que les cas où l'époux resterait privé
de ressources seraient excessivement rares, puisque
l'on admet que c'est là une chose injuste, pourquoi
donc ne pas vouloir y rémédier ?

— Après avoir ainsi réfuté les objections émises
par les adversaires du projet de réforme, il nous sera
permis de dire qu'on a d'autant plus raison de s'é-
tonner du système étrange suivi en cette matière par
notre Code civil, que ce système est contraire à tous
les précédents historiques, la constitution aristocra-
tique des anciennes sociétés aurait pu, jusqu'à un
certain point, faire excuser une pareille rigueur ; mais
il nous a été facile de voir, par l'examen rapide que,
nous avons fait de ces anciennes législations, que
tout en veillant à l'intérêt des familles, elles avaient
assuré d'une manière convenable l'existence du conjoint survivant.

Maintenant si du Droit romain et de notre ancien
Droit nous passons au Droit moderne, il nous sera difficile de ne pas être frappé par l'espèce de dissonance
que forme la législation française au milieu des législations étrangères ; en effet, le court aperçu que nous

avons fait de ces législations nous a permis de constater que la réforme réclamée aujourd'hui chez nous est réalisée depuis longues années par la presque unanimité des autres nations, principalement par celles qui ont adopté les principes de nos lois successorales. Cet accord des législations étrangères inspire de sérieuses réflexions; puisque les législations étrangères ont toutes assuré par des dispositions légales, d'une manière ou d'une autre, le sort du conjoint survivant, il faut bien croire que ces dispositions correspondent à un intérêt de premier ordre. On allèguera peut-être, pour justifier ce contraste, des différences de mœurs et d'habitudes; mais, nous le demandons, est-ce que l'union conjugale n'engendre pas partout les mêmes devoirs? Puisque les autres peuples ont fait découler de ces devoirs l'obligation d'assurer pour le prémourant le sort de son conjoint, il devrait en être de même chez nous.

D'ailleurs, sans même nous occuper des législations étrangères, jetons les yeux sur ce qui s'est passé chez nous dans ces derniers temps; les lois de 1866 sur la propriété littéraire et de 1873 sur la condition des déportés ne sont-elles pas la preuve évidente que le législateur français a compris tous les inconvénients qui résultaient de l'article 767? Assurément on n'a abrogé aucun article du Code civil, mais on y a touché indirectement lorsqu'on a accordé à l'époux survivant la jouissance de la propriété littéraire et lorsqu'on a permis à la veuve du déporté de concourir soit avec les enfants de son mari, soit avec les collatéraux. Pour nous, ces lois sont la preuve manifeste que depuis longtemps le législateur français a reconnu la nécessité d'une réforme.

La réforme est donc opportune et nécessaire. « Il
ne faut plus, comme le dit si bien Boissonnade (1),
qu'on ait le triste spectacle d'une malheureuse veuve
ou d'un mari, accablé par la douleur, obligés de
quitter une maison où la mort avait déjà fait le vide,
mais où tout leur rappelait de fidèles et religieux
souvenirs d'un bonheur évanoui. Il ne faut plus que
d'avides collatéraux, que des enfants même, trop
souvent égoïstes et ingrats, puissent leur ravir les
débris d'un patrimoine qu'ils s'étaient mutuellement
autorisés à considérer comme appartenant à l'un autant qu'à l'autre. »

TROISIÈME PARTIE

Examen du projet de réforme.

Il nous reste maintenant à rechercher quel est le
sens et quel est l'esprit des principales dispositions
du nouveau projet de loi.

Nous avons plus haut reproduit le texte de ce
projet de loi tel qu'il a été voté par le Sénat; ce texte
nous donne des indications suffisantes pour étudier:

1° La nature du droit à conférer au conjoint survivant;

2° Ses caractères;

3° Les conditions auxquelles il sera soumis;

4° Quels biens en seront grevés;

5° Sa quotité;

6° Et enfin ses causes de déchéance.

Chacune de ces questions fera l'objet d'une section
spéciale.

(1) *Op. cit.*, p. 535.

SECTION PREMIÈRE

DE LA NATURE DU DROIT A CONFÉRER A L'ÉPOUX SURVIVANT

La proposition faite par M. Delsol à l'Assemblée nationale attribuait dans certains cas à l'époux survivant une part en pleine propriété; au contraire, le projet définitif ne lui confère dans tous les cas qu'un simple droit d'usufruit. Cette disposition est-elle équitable et juridique? Ne serait-il pas préférable de lui accorder soit un secours alimentaire, soit une pleine propriété?

A. Nous repoussons sans hésiter le système qui se bornerait à lui conférer une action en pension alimentaire, par extension de celle que lui ouvrent les articles 205 et suivants du Code civil (1).

Si des aliments seuls étaient dus, ce serait sans doute à la condition ordinaire, c'est-à-dire en cas de besoin, et tant que ce besoin persisterait; de plus, cette pension devrait être fixée selon les ressources de celui qui la devrait; comme l'accord entre les parties se produirait bien rarement, il y aurait nécessité de recourir à l'autorité judiciaire; de là des discussions irritantes et dangereuses pour la paix des familles.

Mais, nous dira-t-on, l'obligation alimentaire imposée aux enfants par les père et mère s'adoucit le plus souvent par l'affection qu'engendrent ces étroites relations; cela est vrai, nous le reconnaissons; mais n'y a-t-il point dans cette situation où l'on met un

(1) Les Cours d'appel de Douai, la Faculté de Dijon et la minorité de la Faculté de Poitiers ont été d'avis d'accorder un droit alimentaire.

parent vis-à-vis de ses enfants une atteinte profonde portée à l'autorité paternelle? Ensuite nous ferons remarquer que l'époux ne se trouvera pas toujours en présence d'enfants : bien souvent il devra s'adresser à des collatéraux indifférents, sinon hostiles; l'obligation alimentaire sera dans ce cas presque toujours une source de procès.

Ces éventualités inévitables suffisent pour que nous repoussions un pareil système.

D'ailleurs, on parle de relever le mariage, et on veut mettre l'époux au-dessous de l'enfant naturel, puisque celui-ci a droit à une part héréditaire; on veut l'assimiler à des enfants adultérins et incestueux! On parle de dignité du mariage, et on veut obliger le survivant à faire constater en justice son dénuement et sa pauvreté; on veut l'assister comme indigent et non point comme époux!

En terminant, nous ferons remarquer que l'attribution d'une pension alimentaire ne serait pas de nature à assurer l'avenir de l'époux survivant. Supposons deux époux qu'une mort cruelle vient de séparer; le prémourant laisse une opulente succession, mais il n'a pas eu le temps de disposer en faveur de son conjoint d'une partie de sa fortune. Celui-ci n'est point dans l'indigence, car ses ressources personnelles lui assurent une modeste aisance; il ne peut donc être question en sa faveur de pension alimentaire. Il sera donc obligé de changer ses habitudes et de mener une existence médiocre, tandis que la succession de son conjoint se partagera entre des collatéraux éloignés, peut-être inconnus du défunt.

Le droit à conférer à l'époux survivant ne saurait donc consister en une simple pension alimentaire;

11

il faut que ce soit un droit certain et déterminé à l'avance.

B. Nous repoussons également le système qui lui attribue une part en pleine propriété (1).

Il est incontestable que le législateur a fait de la oi des affections présumées la base de notre système successoral; mais il ne faut pas exagérer ce principe, car le législateur s'est également préoccupé, quoique d'une manière secondaire, de conserver les biens dans les familles. Si donc on accordait à l'époux survivant une part en pleine propriété, on risquerait de contrarier une des bases de notre système successoral, puisque la survie d'un des époux aurait pour résultat de faire passer dans sa propre famille une partie des biens qui auraient dû revenir à la famille du prémourant.

S'il est juste de maintenir au survivant la situation qu'il occupait avant son mariage, et lui permettre de partager avec les héritiers du *de cujus* les avantages qu'il avait partagés avec l'époux, il serait, croyons-nous, injuste d'accorder ces mêmes avantages à la famille du survivant, car en dehors de l'époux et vis-à-vis des parents de celui-ci les droits du sang reprennent tout leur empire.

Il faut donc que le dépouillement de la famille du *de cujus* profite seulement à l'époux survivant et non point aux parents de celui-ci, que le défunt ne connaissait peut-être pas et auxquels il n'était rattaché par aucun lien.

C. Il n'est dès lors qu'un seul moyen d'éviter tous

_____

(1) La Cour d'appel d'Alger a été d'avis d'accorder une pleine propriété. — Sic, contre-projet de M. Jules Favre, *J. Officiel* du 4 mars 1877, p. 1668.

les inconvénients qu'entraînerait l'attribution soit d'une pension alimentaire, soit d'une pleine propriété : c'est de n'accorder à l'époux qu'un simple droit d'usufruit (1).

De cette manière on assurera, dans des conditions convenables, l'existence du conjoint survivant, sans que la famille de celui-ci puisse profiter du dépouillement de la famille du *de cujus*.

Nous approuvons donc la décision prise par le Sénat, qui a posé en principe que la part héréditaire attribuée à l'époux survivant consisterait toujours en usufruit.

Il faut se garder de croire qu'une disposition aussi sage soit passée sans susciter des objections. Ainsi la Cour de cassation a prétendu que la multiplicité des usufruits imposée comme une charge normale sur chaque famille, serait nuisible économiquement et provoquerait des difficultés dans le règlement des successions.

Nous sommes loin de nier la gravité de ces considérations; cependant nous croyons qu'elles ont bien perdu de leur valeur en présence de la modification que M. Delsol a fait subir à son projet de loi lorsqu'il l'a soumis au Sénat en 1876 et qui fait l'objet de l'article 8 du nouveau projet de loi; en effet, aux termes de cet article 8, l'usufruit de l'époux survivant pourra être converti en rente viagère, sur la demande d'un ou de plusieurs héritiers du prédécédé, à la charge par eux de fournir des sûretés suffisantes. Cet article est la reproduction d'une disposition

(1) *Sic.* Cours d'Agen, Amiens, Angers, Bastia, Besançon, Chambéry, Dijon, Grenoble, Lyon, Nancy, Nîmes, Orléans, Pau, Riom, Rouen et Toulouse; et Facultés d'Aix, Dijon, Douai, Grenoble, Nancy, Paris, Poitiers, Rennes et Toulouse.

générale du nouveau Code italien, disposition qui tend à faciliter la conversion des usufruits d'universalité sur les valeurs héréditaires en un droit moins désavantageux.

SECTION DEUXIÈME

DES CARACTÈRES DE CE DROIT

(a) Le nouveau projet de loi laisse l'époux relégué dans la catégorie des successeurs irréguliers.

Cette disposition est-elle rationnelle? N'aurait-il pas été préférable de lui reconnaître la qualité d'héritier légitime et, par voie de conséquence, de lui accorder la saisine (1)?

Il n'est pas possible, a-t-on dit à l'appui de la solution admise par le Sénat, de considérer l'époux comme un héritier légitime et de lui conférer la saisine, sans bouleverser les principes de notre système successoral.

En effet, notre Code civil n'accorde la saisine qu'à ceux qui ont la qualité d'héritiers légitimes; or cette qualité dérive directement de la parenté; si le mariage est la source de la parenté, il n'est pas lui-même la parenté.

Nous ne saurions nier la gravité de ces considérations; cependant elles ne nous paraissent pas concluantes, parce qu'elles méconnaissent la nature même du mariage.

Et d'abord, est-il bien vrai de dire qu'un époux ne soit pas un parent? « Le mariage étant la source

---

(1) *Sic.* Facultés de Douai et de Toulouse.

de toute parenté, comment ne serait-il pas lui-même la première parenté, la première consanguinité? La souche peut-elle avoir une autre nature que la branche, le rameau et le fruit (1)? » « Or, la déduction rigoureuse qui nous a amené à reconnaître une véritable parenté entre les époux, nous amène encore à reconnaître que c'est une parenté légitime; comment la source de toute légitimité ne serait-elle pas légitime elle-même (2)? »

Voici, d'ailleurs, les conséquences qu'entraînent la reconnaissance à l'époux survivant de la qualité d'héritier légitime.

Si le conjoint reste successeur irrégulier, il sera tenu de se faire envoyer en possession; pourquoi mettre le conjoint dans cette dépendance particulière de demander à des héritiers, peut-être à un étranger, légataire universel, la délivrance de son usufruit? N'y a-t-il point quelque chose de choquant à accorder le bénéfice de la saisine à un étranger lorsqu'il est institué légataire universel et à la refuser à l'époux? Si, au contraire, le conjoint obtient le titre d'héritier, il aura le bénéfice de la saisine; par conséquent sa position ne sera point à la merci des héritiers du *de cujus* et il ne sera point obligé d'attendre, loin du domicile conjugal, la liquidation de ses droits successoraux.

Si ces conséquences sont acceptables, plus que cela, désirables, pourquoi ne pas les consacrer par une disposition formelle?

D'ailleurs, nous ferons remarquer qu'en accordant à l'époux la saisine, on ne ferait que se conformer à

(1) Boissonade (*Op. cit.*), p, 533.
(2) Boissonade (*Op. cit.*), p. 559.

la tradition; car la plupart des coutumes accordaient
à la veuve la saisine pour son douaire; elles allaient
même jusqu'à accorder la saisine à l'époux recueillant
ab intestat, à défaut de parents, la succession de son
conjoint.

C'est pour toutes ces raisons que nous regrettons
que le Sénat ait maintenu le conjoint survivant dans
la catégorie des successeurs irréguliers.

(*b*) Lors de la discussion du projet de loi on s'était
demandé s'il ne fallait pas mettre la part usufructuaire
de l'époux à l'abri d'une disposition inique, d'une
erreur ou d'une ingratitude du prémourant; en d'autres termes on s'était demandé si le droit de l'époux
ne devait pas constituer une réserve.

Cette opinion avait trouvé quelques partisans (1).
Le Sénat a adopté l'opinion contraire en décidant que
l'usufruit du survivant ne porterait que « sur les biens
dont le prédécédé n'aurait disposé, ni par acte entre-
vifs, ni par acte testamentaire. »

Nous approuvons la décision prise par le Sénat,
parce que l'opinion contraire aurait entraîné de sin-
gulières conséquences. D'abord, la création d'une réserve n'aurait fait que donner une prime d'encoura-
gement à ces mariages disproportionnés d'âge et de
fortune où la spéculation joue le rôle principal; assurément, l'intérêt n'est pas un mobile moral pour le
maintien de la bonne harmonie entre époux, mais il
faut avouer que ce n'est pas le moins puissant; la
création d'une *réserve,* ayant pour résultat de faire
disparaître ce mobile, affaiblirait, par conséquent, le
sentiment des devoirs conjugaux. L'époux qui aurait
été offensé dans son honneur, et qui ne voudrait rien

---

(1) Sic facultés de Toulouse et minorité de la faculté de Poitiers.

laisser à son conjoint, serait donc obligé de recourir à la séparation de corps; or, bien des époux reculent, par les considérations les plus respectables, devant le scandale d'une séparation judiciaire; si le droit du survivant constituait une réserve, l'époux offensé serait donc obligé de laisser impunis des torts dont la divulgation compromettrait la dignité de la famille (1). D'ailleurs, n'avons-nous pas dit que le nouveau droit de l'époux repose sur la volonté présumée du prémourant? L'attribution d'une réserve respecterait bien peu cette volonté, puisqu'elle aurait pour résultat d'imposer au prédécédé une volonté contraire à celle qu'il aurait pu exprimer. Enfin, nous ferons observer que si la réserve se justifie à l'égard des enfants, il n'en est pas de même à l'égard du survivant; dans dans la plupart des cas, la réserve constituera pour les enfants leur unique ressource; à l'époux qui aura été injustement oublié, il restera toujours sa fortune personnelle.

On nous objectera peut-être que la possibilité d'une révocation aura pour effet de jeter le trouble dans les familles — « en substituant au silence qui, dans sa rigueur, respecterait l'honneur du survivant, les sentiments des enfants, la mémoire du prédécédé, la sainteté même du mariage, un éclat fâcheux, une disposition formelle, publique dans une cetaine mesure, passant nécessairement sous les yeux des enfants dont elle offense et relâche les sentiments, sous les yeux de collatéraux indiscrets, sous les yeux de l'époux survivant qu'une telle exclusion décrie, si elle est juste, et brise, si elle est immé-

_____

(1) Rapport de M. Humbert (op. cit.).

ritée (1). » On ne saurait nier la gravité de ces considérations; cependant nous croyons qu'elles **ont** bien perdu de leur valeur, en présence de la décision du Sénat qui a voulu que la révocation du droit de l'époux ne pourrait résulter que d'une disposition faite par le prémourant en faveur de ses héritiers ou d'étrangers de l'usufruit légalement attribué au survivant. De cette manière, on évitera dans une certaine mesure les inconvénients provenant des clauses d'exhérédation directe.

On nous dira peut-être que le droit de l'époux survivant sera bien illusoire puisqu'il suffira pour le faire disparaître d'une disposition du *de cujus*.

Cela est vrai, nous le reconnaissons; mais nous ferons observer que le survivant ne restera jamais dénué de secours. En effet, s'il est dans le besoin et s'il existe des enfants communs ou des ascendants, il aura droit à une pension alimentaire par application des articles 206 et 207 du Code civil. S'il se trouve seulement en présence de collatéraux, il aura également droit à une pension alimentaire par application de l'article 11 du nouveau projet de loi. En effet, cet article a décidé que lorsque le prémourant aurait épuisé la quotité disponible par des dispositions adressées à d'autres qu'à son conjoint, celui-ci, s'il était dans le besoin, aurait une créance alimentaire contre la succession du prédécédé.

On a ainsi organisé la réserve pauvre. De cette manière, l'époux survivant ne sera jamais exposé aux atteintes de la misère en présence de l'opulente succession de son conjoint.

(1(Bonnet, (*Revue Critique*, III, 1873, 1874), p. 208.

SECTION TROISIÈME

DES CONDITIONS AUXQUELLES SERA SOUMIS L'EXERCICE DE CE DROIT.

(*a*) Le projet de loi soumet l'époux survivant à l'obligation du rapport pour toutes les libéralités provenant du défunt directement.

Cette disposition nous paraît très équitable. Puisqu'on se proposait uniquement d'assurer l'existence du survivant, il n'y avait évidemment aucune raison commandant le maintien de la part attribuée à l'époux, lorsque le prédécédé avait eu soin de disposer en sa faveur d'une partie de sa fortune. D'ailleurs, il n'y avait aucun motif à soustraire cette part à la règle ordinaire du rapport entre cohéritiers. Mais le conjoint pourra s'affranchir de cette obligation en renonçant à sa part légale pour s'en tenir à la libéralité qui lui a été faite (art. 845); d'un autre côté, le *de cujus* pourra dispenser son conjoint du rapport par une déclaration expresse (art. 919).

L'expression de « libéralités provenant du défunt directement » a donné lieu à quelques difficultés. On s'est demandé ce que l'on devait entendre par cette expression ?

Pas de difficulté pour les dons et legs faits par le prémourant.

Mais *quid* des avantages résultant des gains nuptiaux ou des conventions matrimoniales ? Nous croyons que ces avantages ne sont pas sujets au rapport; le doute n'est pas possible en présence des art. 1525 et 1527; car ces articles considèrent ces avantages, non comme des libéralités, mais comme des stipulations à titre onéreux.

(*b*) Aux termes de l'art, 12 du projet, l'époux survivant n'a point droit à sa part usufructuaire toutes les fois que le contrat de mariage a pris soin de déterminer ce qu'il aura à prendre dans la succession du prédécédé. Cette disposition nous paraît très légitime, car elle a pour but de ne pas contrarier les arrangements de famille.

Mais s'il avait été stipulé dans le contrat de mariage que l'époux survivant ne pourrait pas succéder au précédé, nous n'hésitons point à déclarer qu'une pareille stipulation aurait été de nul effet, car elle aurait constitué un pacte sur succession future.

Le survivant n'aura point droit également à sa part usufructuaire toutes les fois que le prémourant aura disposé en sa faveur d'une certaine quotité de ses biens tout en décidant qu'il devrait se contenter de cette part.

Il est évident que les dispositions ci-dessus ne s'entendent point du droit à la pension alimentaire dont il est question à l'art. 11 du projet.

(*c*) L'époux survivant étant un simple usufruitier sera tenu d'accomplir les formalités conservatoires imposées par le droit commun à tout usufruitier.

Cette obligation ne nous paraît guère rationnelle. En effet, si nous jetons les yeux sur notre ancien droit, nous y trouvons la femme affranchie du bail de caution pour son douaire coutumier; dans notre droit civil, nous voyons le père et la mère investis de l'usufruit légal de leurs enfants mineurs sans bail de caution. Pour être conforme à ces traditions, qui ont pour base l'affection des parents pour leurs enfants, nous croyons que le projet de loi eût été bien plus rationnel s'il avait dispensé l'époux de l'obligation de fournir caution toutes les fois qu'il concourt avec des enfants issus de son mariage avec le prédécédé et si on n'avait exigé de lui dans cette hypothèse que l'inventaire des meubles ou l'état des immeubles.

(*d*) Nous avons vu que l'époux survivant, venant à la succession *ab intestat* de son conjoint, était tenu d'accomplir les formalités de l'envoi en possession. Sera-t-il soumis à toutes ces formalités pour le droit d'usufruit dont il est ici question?

Le projet de loi est muet sur ce point.

A prendre le texte de la loi à la lettre, on est amené à cette conclusion que le conjoint, restant un successeur irrégulier, sera soumis à toutes ces formalités. Mais nous avons vu que ces formalités n'avaient été imposées aux successeurs irréguliers que pour avertir les successeurs préférables qui pourraient plus tard se présenter et pour assurer la restitution des biens de la succession dans l'intérêt de ces mêmes successeurs préférables. Ces formalités n'ont donc aucun but dans l'hypothèse qui nous occupe, puisque l'époux survivant vient en concours avec des héritiers ordinaires. Il aurait été par conséquent nécessaire de mentionner dans le nouveau projet de loi que les dispositions des art. 769 à 772 sont sans application lorsque le conjoint survivant vient en concours avec des héritiers.

SECTION QUATRIÈME

DES BIENS GREVÉS DE CE DROIT

Nous avons vu que l'époux survivant n'est point un héritier réservataire; il en résulte que son droit d'usufruit ne pourra porter que sur les biens dont le prédécédé n'aura point disposé à titre gratuit.

Mais pourra-t-il porter sur la réserve des descendants ou des ascendants? La question ne se pose que lorsque le prédécédé a disposé de tout ou partie de son disponible en faveur de personnes autres que son conjoint. Il est évident que dans cette hypothèse l'usufruit du survivant ne pourra pas porter sur la réserve, car il serait peu logique de réduire des ascendants ou des descendants à une nue propriété à cause du conjoint survivant; d'ailleurs, n'est-il pas manifeste que le prémourant en usant de son disponible a eu l'intention de révoquer la stipulation légale faite au profit du survivant?

Le droit de l'époux ne pourra pas non plus frapper les biens qui font l'objet d'une succession anormale. L'art. 6 du projet est formel sur ce point.

Aux termes de l'art. 7 du projet, l'usufruit du père ou de la mère ne s'exerce qu'après celui du conjoint, dans le cas de l'art. 754.

Cette disposition mérite quelques explications.

On sait qu'aux termes de l'art. 754 du code civil, lorsque la succession est dévolue pour une moitié au survivant des père et mère, et pour l'autre moitié aux collatéraux ordinaires, l'ascendant a droit à l'usufruit du tiers des biens auxquels il ne succède pas en propriété. D'un autre côté, nous verrons que lorsque le *de cujus* ne laisse pas d'enfants légitimes, le survivant a l'usufruit de la moitié des biens. Dans l'hypothèse précitée, l'époux aura donc droit à une moitié en usufruit; cet usufruit ne pourra évidemment porter sur la moitié de la succession attribuée à l'ascendant, car ce dernier est un héritier réservatoire; mais l'usufruit de l'époux pourra-t-il porter sur l'intégralité de la moitié des biens attribuée aux collatéraux? Devra-t-il, au contraire se borner aux deux tiers de cette moitié affranchie de l'usufruit de l'ascendant.

Cette question avait soulevé de vives controverses; le Sénat a décidé que l'usufruit du père ou de la mère ne s'exercerait qu'après celui du conjoint. Cette disposition nous paraît très rationnelle, car il est manifeste que la préférence accordée à l'ascendant survivant sur des collatéraux éloignés doit fléchir devant la position de l'époux.

SECTION CINQUIÈME

DE LA QUOTITÉ DE CE DROIT

Nous avons vu que la quotité de l'usufruit à conférer à l'époux survivant varie dans le projet de loi selon la qualité des héritiers avec lesquels il est appelé à concourir.

Cette disposition est-elle rationnelle? N'aurait-il pas été préférable d'accorder au survivant une quotité invariable? (1).

Cette dernière solution a, il faut le reconnaître,

(1) Sic Cour de Rouen et Facultés de Toulouse, Aix et Douai.

l'avantage de présenter une très grande simplicité; mais, en retour, elle a l'inconvénient de méconnaître la volonté présumée du *de cujus;* en effet, il n'est point rationnel d'admettre qu'il ait été dans l'intention du prémourant de donner à son conjoint la même quotité de biens lorsqu'il laisse des enfants comme lorsqu'il laisse des parents au dixième degré; la loi elle-même a fait varier la quotité disponible entre époux selon ces diverses situations; c'est pourquoi le Sénat a sagement agi en repoussant l'idée d'une quotité toujours invariable.

Nous allons maintenant examiner les différentes hypothèses qui peuvent se présenter. Le projet de réforme en prévoit quatre, ce sont les suivantes :

(*a*) Le défunt ne laisse ni parents successibles ni enfants naturels.

Dans ce cas les biens de la succession appartiennent en toute propriété à l'époux survivant qui lui survit.

Cette disposition n'est autre chose que la reproduction de l'article 767 du Code civil; nous n'avons donc pas à y insister.

(*b*) Le défunt laisse un ou plusieurs enfants issus du mariage.

Le conjoint a droit, dans ce cas, à l'usufruit du quart des biens.

Le premier projet de M. Delsol accordait dans cette hypothèse au survivant l'usufruit d'une part d'enfant légitime, sans que cette part pût être inférieure au quart des biens. Pour repousser cette solution, on fit valoir que la diminution de l'usufruit, en raison du nombre des enfants, avait l'inconvénient de créer pour chacun des époux un intérêt contraire au développement de leur postérité. C'est pourquoi le Sénat a pensé, avec raison, que dans l'espèce il était préférable de fixer une quotité invariable.

Cette quotité d'un quart nous paraît suffisante ; il n'était guère possible d'accorder davantage au survivant, sans lui attribuer l'usufruit de toute la quotité disponible, c'est-à-dire de la moitié des biens ; cela à notre avis aurait été peu rationnel, car lorsque le *de cujus* meurt *ab intestat,* il n'est pas possible de supposer *à priori* qu'il ait voulu disposer en faveur de son conjoint de toute la quotité disponible.

(*c*) Le défunt laisse des enfants du précédent mariage.

Dans ce cas l'usufruit du conjoint s'exerce sur une part d'enfant légitime le moins prenant, sans que cet usufruit puisse frapper plus du quart des biens.

Cette disposition, en présence de l'article 1098 du Code civil, nous paraît très rationnelle, aussi n'a-t-elle soulevé aucune objection.

(*d*) Le défunt laisse des parents autres que des enfants légitimes.

L'époux a dans cette hypothèse, quels que soient le nombre et la qualité de ces parents, la moitié de l'usufruit des biens.

Cette solution est-elle équitable ? Examinons pour cela les différentes hypothèses qui peuvent se présenter :

1° L'époux survivant se trouve en présence d'ascendants.

Nous approuvons la quotité fixée par le Sénat (moitié en usufruit) lorsqu'il y a des ascendants dans les deux lignes ; l'article 1094 permet, il est vrai, de disposer dans ce cas de tout l'usufruit ; mais lorsque le *de cujus* est décédé *ab intestat,* on ne peut pas supposer qu'il ait voulu réduire ses ascendants en nue propriété.

Au contraire, nous pensons qu'il aurait été plus rationnel de conférer à l'époux l'usufruit des trois quarts, lorsqu'il n'y a d'ascendants que dans une seule ligne.

2° Le survivant se trouve en présence de collatéraux.

La quotité de moitié en usufruit nous paraît équitable dans le cas de concours du conjoint avec les collatéraux privilégiés ou descendants d'eux.

Mais cette même quotité nous paraît peu rationnelle lorsque le survivant se trouve en présence de collatéraux ordinaires. Nous n'irons point, comme l'ont proposé certains auteurs, jusqu'à lui accorder l'usufruit de la totalité des biens, mais nous pensons que l'attribution d'un quart en usufruit à ces collatéraux aurait grandement suffi et aurait été plus conforme à l'intention présumée du défunt.

3° Le survivant se trouve en présence de parents naturels du défunt.

Si le *de cujus* ne laisse que son conjoint et des enfants naturels, la quotité fixée par le projet sera de moitié en usufruit; nous approuvons cette quotité, car s'il est juste de ne pas mettre ces héritiers au même rang que des enfants légitimes, il serait contraire à l'affection présumée du *de cujus* de leur faire une situation inférieure à celle des collatéraux.

Si le survivant se trouve en concours avec le père ou la mère naturels du défunt et à leur défaut en concours avec ses frères et sœurs naturels ou descendants d'eux, d'après le projet, la quotité du survivant est toujours de moitié; cela nous semble peu équitable, car de cette manière on met au même rang des frères et sœurs légitimes et des frères et sœurs naturels. Nous ne verrions donc point de difficulté à ce qu'on attribuât, dans ce cas, au survivant au moins l'usufruit des trois quarts de la succession.

Nous connaissons maintenant les diverses quotités du droit de l'époux survivant.

Mais comment déterminerons-nous la quotité de son droit lorsqu'il concourt et avec des enfants légitimes et avec des enfants naturels?

Le projet de loi est muet sur ce point. Faudra-t-il lui accorder l'usufruit de la moitié des biens? Au contraire, faudra-t-il lui accorder l'usufruit du quart des biens comme s'il ne concourait qu'avec des enfants légitimes?

Voici la solution qui nous paraît la plus équitable : .

On partage tout d'abord la succession entre les enfants naturels et les enfants légitimes, conformément aux dispositions de l'art. 757; puis on appelle le conjoint à exercer son usufruit distributivement et sur la part des enfants naturels et sur la part des enfants légitimes, comme s'il était exclusivement en présence de l'une ou de l'autre de ces catégories de successibles. Ainsi, supposons que le *de cujus* ait laissé son conjoint en concours avec un enfant légitime et un enfant naturel. Nous partageons tout d'abord la succession en dehors de l'époux survivant et nous attribuons 20/24 à l'enfant légitime et 4/24 à l'enfant naturel; la quotité du droit de l'époux en face d'enfants légitimes étant d'un quart en usufruit, le survivant prendra 5/24 à l'enfant légitime; d'un autre côté, comme la quotité du droit de l'époux en concours avec des enfants naturels est de la moitié des biens, nous lui attribuerons donc 2/24 sur la part de l'enfant naturel; de cette manière, l'usufruit du conjoint comprendra les 7/24 de la succession.

Nous regrettons que le projet de réforme ne se soit pas expliqué sur une pareille question qui est susceptible de donner naissance à une foule de difficultés.

SECTION SIXIÈME

DES CAUSES DE DÉCHÉANCE DE CE DROIT

Le projet de loi soumet le droit du conjoint à deux causes particulières d'extinction : 1° la séparation de corps; 2° et les secondes noces.

(*a*) Aux termes de l'art. 9 du projet de loi, l'époux contre lequel la séparation de corps aura été prononcée n'aura point droit à son usufruit légal s'il vient à survivre à son conjoint; mais cette cause de déchéance disparaît en cas de réconciliation survenue avant la dissolution du mariage (1).

Cette disposition nous paraît très rationnelle.

En effet, le droit de successibilité réciproque entre époux s'appuie tout d'abord sur une présomption d'affection et puis sur une obligation alimentaire contractée par le fait même du mariage; dès lors, on comprend très bien qu'au moment de la séparation la présomption d'affection ayant disparu et l'obligation alimentaire étant fortement ébranlée par les faits

(1) Contrà, Avis de la Faculté de Poitiers.

d'ingratitude ou d'indignité, la loi enlève son droit d'usufruit à l'époux coupable.

Ce système se trouve consacré par l'art. 1568 du code civil qui prononce la révocation implicite des libéralités faites par un époux à son conjoint contre lequel la séparation de corps a été prononcée.

On nous objectera peut-être que l'art. 767 n'admet pas cette cause de déchéance; cela est vrai; mais cette objection est peu sérieuse, car nous avons vu que les auteurs du code civil avaient parfaitement décidé d'étendre à l'hypothèse de la séparation de corps l'application de l'indignité qu'ils prononcent dans le cas de divorce; nous avons également vu que l'article fut renvoyé à la commission et qu'il en revint avec la seule mention du divorce.

La disposition contenue dans l'art. 9 du nouveau projet de loi n'a donc pour résultat que de réparer l'omission ou la négligence des rédacteurs du code.

(*b*) Aux termes de l'art. 10 du projet de loi, l'usufruit du conjoint survivant cessera en cas de nouveau mariage, lorsque le *de cujus* aura laissé des enfants.

Cette disposition a été l'objet de nombreuses critiques.

On a peine à comprendre, a-t-on dit tout d'abord, qu'on revienne sur un droit qui a déjà produit ses effets; de cette manière, on rend ce droit en quelque incessible et par suite on viole le principe de la libre circulation des biens. D'ailleurs, ajoute-t-on, cette déchéance aura pour résultat d'interdire les secondes noces; or, les secondes noces sont l'exercice d'un droit reconnu par la loi elle-même; dès lors, il est vrai de dire que cette déchéance constitue une atteinte portée à la liberté civile (1).

Ces arguments ont certainement leur valeur; cependant ils ne nous paraissent pas concluants.

Et d'abord quoi d'étonnant à ce qu'on revienne sur un droit ayant produit ses effets? N'en est-il pas de même des biens qui ont été l'objet d'une donation?

En second lieu nous ferons observer que la déchéance attachée au convol ne constitue pas une atteinte à la liberté civile; car depuis longtemps la jurisprudence a consacré la règle que la clause de viduité, insérée soit dans un contrat de mariage soit dans une donation ou testament, était parfaitement valable.

Enfin on a tort de prétendre que la déchéance qui nous occupe en ce moment aura pour but de proscrire les secondes noces; ce n'est pas là l'affaire du législateur; en édictant l'art. 10 du projet, le législateur n'a eu pour but que de régler les conséquences qu'engendre un second mariage dans les rapports du survivant avec la famille du prédécédé. Examinons quelles sont ces conséquences : en s'attachant à une nouvelle famille, le survivant rompt définitivement les liens qui l'unissaient à celle du défunt; dès lors il n'est plus vrai de dire qu'il y ait un conjoint survivant; par conséquent les droits attachés à ce titre doivent tomber avec lui. De plus, les raisons qui lui avaient fait accorder l'usufruit n'existent plus; en effet, la loi avait voulu que sa situation n'éprouvât pas de changement radical après le décès de son conjoint; or il trouve dans un nouveau mariage des

(1) M. Huc. Code italien, I, p. 196.

avantages matrimoniaux et il acquiert des droits éventuels de succession; il est donc juste qu'il restitue à la famille du prédécédé tout ce qui provient de la succession de celui-ci.

On pourrait encore invoquer à l'appui de ce système l'intention présumée du conjoint prédécédé; car étant donnée la nature humaine, il n'est pas permis de penser que le *de cujus* ait voulu en quelque sorte constituer au survivant une dot pour lui faciliter un nouveau mariage.

C'est à raison de toutes ces considérations que nous trouvons très logique la déchéance qui forme l'objet de l'art. 10 du nouveau projet de loi.

Il nous sera permis d'ajouter que le Sénat a bien fait de distinguer suivant qu'il existe ou qu'il n'existe pas des enfants du premier mariage. Car, lorsqu'il existe des enfants, le convol de leur père ou de leur mère constitue presque toujours pour eux un préjudice; d'abord leur part héréditaire est diminuée par le concours des enfants du second lit; ensuite leurs sentiments sont nécessairement froissés par la présence d'un beau-père ou d'une belle-mère; il est donc juste de leur rendre tout ce qui provient de l'héritage du prémourant. Au contraire, lorsqu'il n'existe pas d'enfants, le second mariage de l'époux survivant est bien plus excusable et bien plus naturel; d'ailleurs, dans cette hypothèse, la déchéance de l'usufruit ne pourrait guère profiter qu'à des collatéraux plus ou moins éloignés.

CONCLUSION

Nous sommes ainsi arrivé au terme de l'étude que nous nous sommes proposé de faire du projet de réforme. Nous n'avons pas la prétention d'avoir traité toutes les questions qu'il soulève; nous nous sommes borné à présenter un tableau fidèle des dispositions les plus essentielles qu'il contient; nous avons approuvé les unes et critiqué les autres.

Sous le bénéfice de nos observations et avec les réserves que nous avons faites, nous pensons que l'adoption de ce projet de loi introduirait un véritable progrès dans notre législation.

Nous avons établi que la réforme proposée est conforme aux traditions, qu'elle se fonde sur la nature même des choses et qu'elle répond aux plus saines aspirations de la famille et de la société; cependant nous n'osons espérer qu'elle soit enfin inscrite dans notre loi civile : car les questions utiles et pratiques sont toujours réléguées au second plan, la crainte du changement dans tout ce qui est réforme législative étant un défaut si éminemment français.

POSITIONS

DROIT ROMAIN

I. — La présomption légale de paternité ne s'appliquait pas aux mariages entachés de nullité, à moins qu'ils ne fussent contractés de bonne foi.

II. — Ulpien a commis une erreur de calcul au préjudice de l'héritier dans la loi **82** Dig., *ad legem Falcidiam.*

III. — La conjecture de Cujas est préférable à celle du président Fabre pour l'explication de la loi **25** Dig., *de liberatione legatâ.*

IV. — La durée de la plus courte gestation était de cent quatre-vingts jours pleins, non compris le *dies à quo* ni le *dies ad quem*, et celle de la plus longue était de dix mois.

ANCIEN DROIT FRANÇAIS

I. — Le propriétaire d'un *aleu* ne pouvait pas le concéder à titre de *censive.*

II. — Le bénéfice de l'Edit des Secondes noces était une extension spéciale de la légitime; aussi les enfants du premier ou du second lit n'étaient admis à l'invoquer qu'autant qu'ils se portaient héritiers.

III. — L'époux donataire avait droit à une part d'enfant dans les biens dont il subissait la réduction en vertu de l'Edit des Secondes noces.

IV. — Dans les pays de droit écrit qui ressortissaient au Parlement de Paris, la femme ne pouvait dans aucun cas aliéner sa dot mobilière.

DROIT CIVIL

I. — La présomption établie par l'art. 911, d'après laquelle les père et mère, les enfants et descendants de l'enfant naturel doivent être réputés personnes interposées par rapport à lui, est applicable quand la reconnaissance de l'enfant naturel par son auteur est postérieure à la libéralité faite au profit de ses père et mère ou de ses descendants.

II. — La vente par un mari à sa femme non séparée de biens ne peut être invalidée dès qu'elle a une cause légitime, quoique ses reprises ne soient pas exigibles. Bien que préjudiciable aux créanciers, cette vente ne peut être annulée comme entachée de fraude, si la participation directe de la femme à la fraude n'est point démontrée.

III. — Les créances d'une succession ne sont pas divisibles de plein droit avant tout partage.

IV. — Les règles applicables aux cautions solidaires sont les mêmes que celles applicables aux codébiteurs solidaires; il en résulte que, si le créancier renonce à la solidarité vis-à-vis de l'un des codébiteurs solidaires, ce codébiteur déchargé est obligé de supporter sa part du déficit causé par l'insolvabilité des autres codébiteurs.

PROCÉDURE CIVILE

I. — L'aliénation d'un immeuble, quoique ayant date certaine avant la transcription de la saisie, n'est pas opposable au créancier saisissant.

II. — Le jugement d'adjudication n'est pas un véritable jugement : c'est un simple acte de juridiction gracieuse par lequel l'autorité judiciaire donne l'authenticité à une convention de vente.

III. — Lorsqu'une succession est acceptée sous bénéfice d'inventaire, les créanciers du défunt ne peuvent pas pratiquer une saisie-arrêt entre les mains des débiteurs de ce dernier.

IV. — On peut pratiquer une saisie-arrêt sur soi-même.

DROIT CRIMINEL

I. — On ne peut considérer comme lieux publics, au point de vue des délits visés par la loi sur la Presse du 29 juillet 1881, pour lesquels la publicité est exigée, que ceux où il y a vraiment du public.

II. — L'imputation d'un fait impossible peut constituer une diffamation, si elle est de nature à déverser le ridicule sur celui auquel elle s'est adressée.

III. — Toute résistance opposée à l'exécution d'un ordre de l'autorité publique, si illégal qu'il soit, constitue, suivant les cas, le crime ou délit de rébellion.

IV. — La responsabilité des gérants de journaux, en matière pénale, n'a rien de contraire aux principes généraux du droit criminel.

DROIT ADMINISTRATIF

I. — Il n'appartient pas à l'autorité judiciaire, lorsqu'elle est saisie par un particulier qui prétend que l'autorité administrative a compris à tort sa propriété dans le domaine public, de reconnaître le droit de propriété invoqué devant elle et de régler, s'il y a lieu, une indemnité de dépossession au profit du réclamant.

II. — L'abrogation de l'art. 75 de la Constitution de l'an VIII, n'a point pour effet de rendre toute liberté aux poursuites qui pourraient être dirigées, tant à fins civiles qu'à fins criminelles, contre des fonctionnaires publics, pour des faits relatifs à leurs fonctions ou accomplis à l'occasion de cet exercice.

III. — Dans les villes, bourgs et villages où il n'existe pas de plan général régulièrement approuvé,

l'alignement fourni par le maire ne peut
être donné que sur les limites du domaine
public; il ne peut ni forcer les propriétaires
riverains à reculer, ni les autoriser à avancer
leurs constructions au-delà ou en deça de
ces limites. .

IV. — Les actes de notoriété, certificats de propriété,
procurations et autres actes produits pour
retirer les sommes déposées aux caisses
d'épargne publiques sont exempts du timbre
et de l'enregistrement en vertu des art. 20
et 21 de la loi du 9 avril 1881.

DROIT COMMERCIAL

I. — La responsabilité édictée par l'art. 42 de la
loi de 1867 s'applique aux nullités d'actes
et délibérations postérieures à la constitution de la société.

II. — Les premiers administrateurs nommés par
l'Assemblée des actionnaires ne sont pas
responsables de la nullité de la société provenant d'une cause autre que du défaut de
publication.

III. — Les fondateurs et administrateurs d'une société
ne sont pas tenus envers les créanciers de
l'intégralité du passif social; ils ne sont
responsables que dans la mesure du préjudice qu'ils ont causé.

IV. — Le droit de constater l'état de cessation de
paiement n'appartient qu'au tribunal de
commerce; la cessation de paiements ne

saurait donc être constatée incidemment,
soit par un tribunal civil, soit par un tribunal de commerce.

DROIT INTERNATIONAL

I. — Une femme mariée à un français et judiciaire-
ment séparée de corps ne peut pas se faire
naturaliser en pays étranger sans l'autorisation de son mari ou de justice.

II. — Un étranger peut pratiquer en France une
saisie-foraine contre un autre étranger.

III. — Le tiers-porteur d'un billet à ordre, payable en
France, exerçant son recours contre un
endosseur domicilié à l'étranger, a pour
l'accomplissement des formalités de noti-
fication du protêt et de citation en justice, le
délai déterminé par l'art. 165 du code de
commerce.

IV. — Lorsqu'un Français meurt en Belgique, lieu
où il s'était établi avec sa famille, en laissant des enfants mineurs, le conseil de
famille, appelé à délibérer sur l'acceptation
de la succession du père décédé, devra être
réuni devant l'autorité belge.

ÉCONOMIE POLITIQUE

I. — Le système de la petite culture est préférable,
malgré tous ses inconvénients, au système
de la grande culture.

II. — On ne peut tirer des tableaux des douanes au
   sujet des importations et des exportations
   aucun enseignement concernant l'augmen-
   tation ou la diminution effective de la
   richesse nationale.

III. — Le système du domaine public payant que les
   économistes théoriciens de l'école anglaise
   ont proposé de substituer aux priviléges
   d'exploitation ou brevets d'invention est
   contraire à tous les principes économiques.

IV. — Le droit de l'inventeur d'un nouveau procédé
   de travail ou d'une nouvelle application
   industrielle ne constitue pas un véritable
   droit de propriété; c'est un privilége de
   création civile destiné à rémunérer le service rendu à la société en empêchant l'invention de tomber immédiatement dans le
   domaine public.

Vu par le Président de la Thèse :

C. GINOULHIAC.

Vu par le Doyen :

Le 20 mars 1883.

Henri BONFILS.

Vu et permis d'imprimer :

Toulouse, le 20 mars 1883.

Le Recteur,

C. PERROUD.

« Les visas exigés par les règlements sont une
» garantie des principes et des opinions relatifs à la
» religion, à l'ordre public et aux bonnes mœurs
» (statut du 9 avril 1825, art. 11), mais non des
» opinions purement juridiques, dont la responsa-
» bilité est laissée aux candidats. — Le candidat
» répondra, en outre, aux questions qui lui seront
» faites sur les autres matières de l'enseignement. »

Cette Thèse sera soutenue en séance publique,
dans une des salles de la Faculté de Droit de Toulouse.

TABLE DES MATIÈRES

CHAPITRE III. — De la quarte de la veuve pauvre.

ANCIEN DROIT

LÉGISLATION FRANÇAISE ACTUELLE.

CHAPITRE Ier. — Du droit de succession « ab intestat » proprement dit.

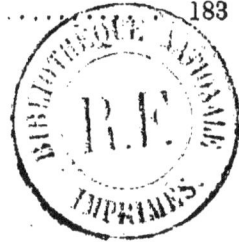

7-83. — Auch, impr. et lith. G. Foix, rue Balguerie.

www.ingramcontent.com/pod-product-compliance
Lightning Source LLC
Chambersburg PA
CBHW060542210326
41519CB00014B/3311